# Mi amigo habla de suicidarse



POR LA SUPERACIÓN DEL SER HUMANO Y SUS INSTITUCIONES

Richard E. Nelson
•
Judith C. Galas

# Mi amigo habla de suicidarse

*Un manual de prevención para jóvenes*

PANORAMA EDITORIAL

MI AMIGO HABLA DE SUICIDARSE



Original edition published in 1994 by Free Spirit Publishing, Inc., Minneapolis, Minnesota, U.S.A., under the title: The Power to Prevent Suicide: A Guide for Teens Helping Teens.

Edición original publicada en 1994 por Free Spirit Publishing, Inc., Minneapolis Minnesota, U.S.A., bajo el título: The Power to Prevent Suicide: A Guide for Teens Helping Teens.

Traducido al español por:
Alejandra Medrano

"How You Can Educate Others: A Step-by-Step Action Plan" in Chapter 9 is adapted from "10 Tips for Taking Social Action" in *Kids with Courage: True Stories about Young People Making a Difference* by Barbara A. Lewis (Free Spirit Publishing, 1992). Used with permission of the publisher.

Primera edición en español: 2004
© Panorama Editorial, S.A. de C.V.
Manuel Ma. Contreras 45-B
Col. San Rafael 06470 - México, D.F.

Tels.: 55-35-93-48 • 55-92-20-19
Fax: 55-35-92-02 • 55-35-12-17
e-mail: panorama@iserve.net.mx
*http://www.panoramaed.com.mx*

Printed in Mexico
Impreso en México
ISBN 968-38-1290-2

## Dedicatoria

A mi familia, más que nada a Barbara,
por su amor.
—REN

A Cindy, que siempre está allí.
—JCG

# Reconocimientos

*Mi amigo habla de suicidarse* surgió de las experiencias y los problemas de los jóvenes que han intentado cometer, o que han cometido, suicidio. Agradecemos a sus padres, terapeutas, amigos, maestros y directores por compartir esas historias y por hacernos creer que enseñar a los adolescentes sobre el suicidio puede salvar vidas jóvenes.

# Indice

Introducción ........ 11
Por qué escribimos este libro ........ 13
Sobre este libro ........ 15
Queremos saber de ti ........ 18
INFORMACIÓN IMPORTANTE ........ 19

**Parte uno**
**Por qué, qué y quién**

**1**
**¿Por qué alguien querría morir? ........ 23**
La necesidad de amor ........ 26
Sentirte bien contigo mismo ........ 28
Los sentimientos afectan la conducta ........ 31
Toda conducta tiene un propósito ........ 33
Ayuda, no suicidio ........ 34

**2**
**Lo que necesitas saber sobre el suicidio ........ 37**
Hecho: en la actualidad, el suicidio es una de las principales causas de muerte entre los jóvenes ........ 38
Hecho: pocos suicidios suceden sin alguna advertencia ........ 39
Hecho: el suicidio es prevenible ........ 39
Hecho: hablar del suicidio no les dará ideas a los adolescentes ........ 40
Hecho: el suicidio no es hereditario ........ 41
Hecho: la mayoría de las personas suicidas no están mentalmente enfermas ........ 41
Hecho: la gente que habla de suicidio se suicida ........ 43
Hecho: el suicidio no es sólo una manera de llamar la atención ........ 43

Hecho: los adolescentes suicidas creen que sus problemas son serios ..... 44
Hecho: muchas cosas llevan al suicidio ..... 45
Hecho: las personas que cometen suicidio no son de ningún tipo especial ..... 46
Hecho: la gente que intenta suicidarse están en mayor peligro cuando comienzan a sentirse mejor ..... 46
Hecho: un amigo preocupado y atento puede hacer la diferencia ..... 48

**3**
**¿Cuáles son las señales de advertencia del suicidio? ..... 51**
Amenazas de suicidio ..... 52
Cambios repentinos en la conducta ..... 54
Pérdidas significativas ..... 55
Regalar posesiones atesoradas ..... 56
Atando cabos ..... 57
Agresión, rebelión y desobediencia ..... 57
Conducta autodestructiva ..... 58
Pérdida de la autoestima ..... 59

**4**
**¿Quién está en riesgo? ..... 61**
Los jóvenes que están deprimidos ..... 63
Adolescentes que tienen problemas de alcohol y otras drogas ..... 64
Adolescentes que son gay, lesbianas o que se están cuestionando su orientación sexual ..... 67
Adolescentes que han intentado suicidarse antes, o que provienen de hogares en los que alguien ha cometedo un suicidio ..... 69
Jóvenes dotados o talentosos ..... 70
Adolescentes con problemas de aprendizaje ..... 71
Adolescentes que están embarazadas ..... 72
Adolescentes que sufren abusos ..... 74

Cuando el alto riesgo se convierte en riesgo inminente ........ 76

**Parte dos**
**Cómo ser un preventor de suicidios**

**5**
**Acércate ........ 79**
Formula las preguntas correctas ........ 81
El plan espontáneo ........ 83
Evalúa el peligro ........ 83
Pensamiento limitado ........ 87

**6**
**Escucha ........ 91**
Sé un escucha activo ........ 92
Ten empatía ........ 93
Sé un detective de palabras ........ 94
Sís y nos de escuchar activamente ........ 96
Sé positivo ........ 98
¿Y qué pasa si tienes miedo de no ser un buen escucha? ........ 100
Si todavía no estás seguro de tus habilidades ........ 101
Sé tú mismo ........ 101

**7**
**Busca ayuda ........ 103**
¿A quién deberías decirle? ........ 105
Busquen ayuda juntos ........ 107
Asegúrate de que algún adulto esté enterado ........ 108
¿Y luego qué sigue? ........ 109
Compañeros ayudantes ........ 109
Cómo ayudar a un amigo a superar una crisis suicida ........ 112

8
**Ayúdate a ti mismo** .......... **113**
Ayuda para ayudantes .......... 114
Ayuda para sobrevivientes .......... 118
Protégete en contra del suicidio .......... 124
Ayuda para cuando te sientas estresado .......... 129
Lista de chequeo de crisis .......... 132
Libros que te pueden ayudar a ayudarte .......... 133

9
**Involucra a tu escuela y a tu comunidad** .......... **135**
¿Quién necesita saber sobre el suicidio? .......... 137
Cómo puedes educar a otros: un plan de acción paso a paso .......... 138
Un grupo nacional en contra del suicidio juvenil .......... 143
Señales de advertencia de un suicidio .......... 145

Indice analítico .......... 147

# Introducción

Jack Renfro,* de catorce años de edad, de Laredo, Texas, había estado deprimido desde la muerte de su hermano, en primavera. Pensaba mucho en suicidarse, Para él, parecía mejor que seguir viviendo sin su hermano mayor.

Como muchos adolescentes suicidas, Jack no mantuvo su plan en secreto. De hecho, le contó a veintiún amigos qué iba a hacer ese fin de semana de octubre de 1987. Esos amigos o no le creyeron o no supieron qué hacer, porque no hicieron nada. Nadie evitó que Jack se pusiera su mejor traje y corbata, tomase una pistola de su casa, fuera a la tumba de su hermano, apuntase la pistola a su cabeza y jalara del gatillo. Jack fue uno de entre los más de cinco mil jóvenes que cometieron suicidio durante el curso de ese año.

Los investigadores han reunido una gran cantidad de información sobre los suicidios de adolescentes. Han averiguado que al menos la mitad de todos los jóvenes estadounidenses han pensado en quitarse la vida.[1] Al igual que los de Jack, estos pensamientos son mucho más serios que aquellos del tipo "Ojalá me muriera" que todos hemos tenido cuando estábamos frustrados, avergonzados, enojados o tristes.

Los investigadores estiman que todos los días más de mil adolescentes estadounidenses intentan suicidarse, y que dieciocho de ellos mueren.[2] Algunas de las cifras de las investigaciones nos dicen que si estás en una escuela de dos mil estu-

---

Fuentes de los hechos y estudios que figuran en la introducción

1. Bender, David L. y Leone, Bruno, editores de series, *Suicide: Opposing Viewpoints*. San Diego: Greenhaven Press, 1992.
2. Patros, P. G. y Shamoo, T. K., *Depression and Suicide in Children and Adolescents: Prevention, Intervention and Postvention*. Needham Heights, MA: Allyn and Bacon, Inc., 1989.

diantes, alrededor de quinientos de tus compañeros podrían estar pensando en el suicidio, y que cincuenta de ellos lo intentarán cada año.[3] Cada cuatro años alguien de tu escuela se suicidará.

Los investigadores también saben que, igual que Jack, la mayoría de los jóvenes comparten sus pensamientos de suicidio con sus amigos. De hecho, cuando se le preguntó a los jóvenes "¿A quién le contarías que quieres suicidarte?" el noventa por ciento dijo que antes de quitarse la vida se lo contarían a un amigo.[4]

¿Qué harías si un amigo te confiara que se va a suicidar? ¿Le pedirías que te hablara de sus sentimientos tristes y sus planes de morir? ¿Acudirías con tu amigo a un adulto que tal vez pueda ayudar? ¿O pensarías que tu amigo simplemente está bromeando? ¿Decidirías no involucrarte porque crees que tu amigo lo superará?

Jack no tenía que morir. Si tan solo alguno de los muchos amigos con los que habló ese fin de semana le hubieran contado a un maestro, entrenador, consejero o padre, lo que estaba planeando hacer, probablemente hoy todavía seguiría vivo. Aún extrañaría a su hermano, por supuesto, pero también estaría en el proceso de aprender cómo superar su dolor de construir una vida nueva para sí mismo.

Tú eres una clave importante para ayudar a evitar que la gente joven, como Jack, cometa suicidio. Probablemente conoces a algunos adolescentes que hablan de suicidarse. Hasta es probable que tú hayas pensado en quitarte la vida alguna vez, o quizás lo has intentado. Nosotros creemos que tú puedes salvar a un amigo, o a ti mismo, de cometer suicidio.

De hecho, podrías estar en posibilidades de acercarte a tus amigos perturbados mejor de lo que lo harían muchos de

---

3. Davis, F., "Suicidal Crises in School", *School Psychology Review* 14 (1985), 313-324.
4. Grollman, E. A., Suicide: Prevention, *Intervention and Postvention*. Boston: Beacon Press, 1988.

los adultos que te rodean. Tus amigos confían en ti. Saben que comprendes qué se siente al ser un adolescente y los tipos de problemas con los que tienen que debatirse los jóvenes en el presente. Ellos pueden estar a tu alrededor y contarte cosas que jamás les dirían a sus padres o a otros adultos. Eso te coloca en una posición especial para marcar una diferencia y, posiblemente, hasta salvarle la vida a alguien.

La persona cuya vida salves no tiene que ser tu mejor amigo. Podría ser alguien junto a quien te sientas en una de tus clases. Podría ser algún amigo con el que hablas mucho, o alguien a quien sólo le dices "hola" en los pasillos de la escuela de vez en cuando. En realidad no se trata de si son mejores amigos o no. El punto es que, si estuvieses en problemas, ¿no querrías que alguien te ayudara?

## Por qué escribimos este libro

Se han escrito muchos libros sobre el suicidio en general y sobre el suicidio juvenil en particular. Tal vez tú hayas leído algunos de ellos. De ser así, podrías preguntarte por qué alguien querría escribir o leer otro libro sobre el tema.

El hecho es que, por las razones que sea, parece que algunos libros no han funcionado. Tal vez no los lee la suficiente gente. A lo mejor esos libros no dicen lo que los adolescentes más necesitan y quieren saber sobre el suicidio. Todo lo que sabemos con seguridad es que los porcentajes de suicidios de adolescentes han aumentado dramáticamente en los últimos veinte años, y en el presente son más los jóvenes que se quitan la vida. Has leído las historias en los periódicos y revistas y lo has visto en las noticias. Una de esas historias podría haber sido sobre alguien a quien conociste personalmente —un amigo, un compañero de clases o algún otro adolescente de tu escuela o colonia.

Las estadísticas sobre el suicidio, y específicamente sobre el duelo por el suicidio de alguien, pueden ser atemorizantes y abrumadoras. Tal vez te sientas impotente, como si no hubiera nada que pudieras hacer a fin de evitar la pérdida innecesaria de una vida. Pero *hay* algo que puedes hacer al respecto, y de eso se trata este libro.

*Mi amigo habla de suicidarse* reconoce el poder que tienes para salvar a tus compañeros y para salvarte a ti mismo. En este libro te diremos lo que puedes decir y hacer para ser un preventor de suicidios. Te daremos sugerencias específicas para acercarte, escuchar y ayudar a alguien que está considerando la posibilidad del suicidio. Te explicaremos en qué manera los jóvenes como tú pueden ser la primera línea de defensa para combatir el aumento en el suicidio adolescente. Y te mostraremos cómo tú, personalmente, puedes actuar positiva y oportunamente para salvar una vida.

Escribimos este libro porque creemos que los jóvenes tienen la capacidad suficiente para notar cuándo alguien podría tener pensamientos suicidas, y que se interesan lo suficiente como para querer hacer algo al respecto. No escribimos este libro para que te conviertas en terapeuta. Eso requiere de años de estudio y experiencia. Pero no hacen falta años de estudio y experiencia para ser una persona interesada. Todo lo que hace falta es el deseo de ayudar a alguien que necesita ayuda.

*No* escribimos este libro con el fin de minimizar el papel importante que pueden jugar los padres y otros adultos en la prevención del suicidio. Sin embargo, los padres, como los adolescentes, a menudo no están informados sobre el suicidio. Los padres, como los jóvenes, generalmente le temen a la palabra "suicidio". Y con frecuencia los padres no saben qué hacer cuando les preocupa uno de sus hijos.

Muchos padres han ayudado a evitar que sus hijos se suiciden. Ellos han visto las señales de alerta y han escuchado atentamente. Han creado hogares en los cuales los niños y adolescentes pueden hablar abiertamente sobre cualquier problema. Los jóvenes que tienen padres como estos son afortunados.

Sin embargo, muchos adolescentes sienten que sus padres no los comprenden. Piensan que no pueden recurrir a sus padres cuando tienen problemas. Tal vez éstos no escuchan. A lo mejor están preocupados por sus propios problemas. O quizá parecen ser demasiado "perfectos". En ocasiones, a los jóvenes les resulta difícil creer que sus padres alguna vez hayan tenido problemas serios cuando eran adolescentes, y es fácil asumir que los padres no comprenden los problemas de los adolescentes de la actualidad. Estas percepciones pueden ser erróneas, pero aun así podrían impedir que los jóvenes recurran a sus padres cuando necesitan ayuda.

Si tienes padres que te aman, que te escuchan, que tratan de comprender, padres que sinceramente quieren ayudar, entonces ellos tienen que ser las *primeras* personas a las que busques cuando tengas preguntas sobre el suicidio, o te preocupe que algún amigo pueda estar considerando la posibilidad de quitarse la vida. Pero si no te sientes cómodo hablando con tus padres, por favor encuentra a otro adulto que te agrade, alguien a quien respetes y en quien confíes.

Tal vez decidas compartir este libro con tus padres o con otros adultos. Eso sería grandioso. Aunque lo hemos escrito especialmente para jóvenes, esperamos que los adultos también lo lean. Tenemos la esperanza de que hablen juntos del libro. Uno de los grandes problemas del suicidio es que la gente no quiere hablar del tema. Este libro será un canal para que tú, tus padres, tus maestros y otros adultos, hablen abiertamente del tema, puedan discutirlo honestamente y hacer algo al respecto.

## Sobre este libro

Hemos dividido el libro en dos partes.

- La Parte Uno, "Por qué, qué y quién" explora por qué alguien podría desear morir, lo que necesitas saber sobre el suicidio y los suicidas, cuáles son las señales de alerta que debes buscar y quién podría estar en riesgo de cometerlo.

- La Parte Dos, "Cómo ser un preventor de suicidios", te guía a través de los pasos para ayudar a un amigo en problemas. Aprenderás cómo acercarte, cómo escuchar y cómo encontrar ayuda para tu amigo. También te diremos de qué manera consolarte si alguien a quien conoces y quieres intenta suicidarse o comete suicidio. Después de todo eso, te daremos algunas ideas sobre cómo puedes involucrar a tu comunidad y escuela en salvar las vidas de los jóvenes.

  Antes de comenzar a leer la Parte Uno, asegúrate de llenar los espacios en blanco que encontrarás en la página 19.* Para ayudar a un amigo que piensa en suicidarse necesitarás saber adónde puedes recurrir en busca de ayuda. Escribe los números telefónicos y direcciones de los adultos en quienes más confías. Luego escribe el número de teléfono de tu centro de crisis local. Si o cuando necesites esta información importante, la tendrás a la mano.

  Finalmente, hay unas pocas palabras y frases que utilizamos de maneras específicas en este libro, y queremos que sepas lo que significan antes de que comiences a leer los siguientes capítulos

- Cuando utilizamos el término *suicida,* no queremos decir "deprimido" o "triste". Cuando describimos a alguien como suicida queremos decir "físicamente peligroso para sí mismo". Se dice que las personas son suicidas cuando sus acciones o ideas se fijan en el suicidio.
- Un *intento de suicidio* tiene lugar cuando alguien intenta quitarse la vida pero no muere. Las personas que intentan suicidarse pueden utilizar un método de suicidio que les dé tiempo para cambiar de idea, pedir ayuda o ser rescatadas.
- En un *suicidio cometido,* la persona muere. Algunos se refieren a éste como "suicidio exitoso". Dirán algo así como "La persona tuvo éxito en su intento de suicidio". Debido a que

* Todavía mejor, fotocopia la página antes de llenar los espacios en blanco, especialmente si ésta no es tu copia personal de *Mi amigo habla de suicidarse.*

no creemos que un suicidio sea un éxito, en su lugar utilizamos la frase "cometer suicidio".

- Una persona muestra *conducta suicida* cuando habla del suicidio o envía alguna otra señal de advertencia de que está pensando o planeando un suicidio, o que está fascinada por la muerte. La conducta suicida no involucra un intento por quitarse la vida.
- Alguien en una *crisis suicida* es lo suficientemente peligroso para sí mismo como para intentar o cometer un suicidio.

## RESPUESTAS PARA CINCO PREGUNTAS IMPORTANTES

*1. ¿Qué pasa si trato de ayudar a alguien que yo crea que es suicida y resulta que no existe un problema real?*
Primero, felicítate por acercarte a alguien que pensaste que estaba en problemas. Seguro, tal vez te preocupe el hecho de que otros pensarán que reaccionaste exageradamente. Hasta podrías sentirte un poco tonto. Pero salvar una vida es un asunto serio. Es mucho mejor cometer un error y ofrecer ayuda cuando no es necesaria, que darse cuenta después de que se trataba de un problema serio y que no hiciste nada por ayudar.

*2. ¿Y qué sucede si mi amigo simplemente parece estar tratando de llamar la atención hablando del suicidio?*
Es fácil impacientarse con un amigo que intenta llamar la atención diciendo o haciendo algo que parece exageradamente dramático. Sin embargo, tu amigo debe estarse sintiendo bastante mal o solo para utilizar las referencias al suicido como manera de llamar la atención. Lee las páginas 43 y 44, en el Capítulo 2.

*3. ¿Qué pasa si pienso que un amigo podría estar en problemas, pero nadie quiere escucharme?*
Continúa diciéndoselo a los adultos hasta que encuentres a alguien que te ofrezca ayuda. No te des por vencido.

4. *¿Qué pasa si alguien a quien trato de ayudar se suicida de todas maneras?*
El suicidio de otra persona nunca es culpa tuya. Lee las páginas 118-124 en el Capítulo 8.
5. *¿Qué pasa si yo estoy pensando en el suicidio, pero no tengo a nadie con quien hablar?*
Llama a tu centro de crisis local o línea del suicidio.

# Queremos saber de ti

Por favor haznos saber lo que piensas sobre *Mi amigo habla de suicidarse.* Cuéntanos sobre aquello que te ayudó. Si hay algo que pienses que deberíamos haber incluido, comunícanos la omisión. Queremos conocer tus pensamientos, tus preocupaciones y tus historias de éxito. Puedes escribirnos a la siguiente dirección:

Dr. Richard E. Nelson y Judith C. Galas
c/o Free Spirit Publishing
400 First Avenue North, Suite 616
Minneapolis, MN 55401

Esperamos que, después de leer este libro, veas que hay cosas que puedes hacer para salvarle la vida a alguien. Esperamos que llegues a confiar en tu propio poder de hacer una diferencia en la lucha en contra del suicidio juvenil. Los jóvenes no deberían tener que quitarse la vida a fin de resolver sus problemas. Con tu ayuda, algunos de ellos podrían elegir vivir.

Dr. Richard Nelson
Judith C. Galas
Mayo de 1994

# INFORMACIÓN IMPORTANTE

El adulto en el que confío más para que me escuche y me ayude cuando tengo problemas es:

________________________________________

________________________________________

Teléfono de su trabajo: ____________________

Teléfono de su casa: ____________________

Dirección:

________________________________________

________________________________________

________________________________________

Un segundo adulto en el que confío para que me escuche es:

________________________________________

Teléfono de su trabajo: ____________________

Teléfono de su casa: ____________________

Dirección:

________________________________________

________________________________________

________________________________________

El teléfono de mi centro de crisis local es:

________________________________________

Para encontrar el número de teléfono del centro de crisis más cercano a tu casa, busca en el directorio amarillo o blanco, o en tu agenda, bajo "Suicidio" o "Prevención del suicidio" o "Línea para suicidas". Si tu directorio o agenda no contiene ningún número bajo esos encabezados, marca el 040 y pide a la operadora que te proporcione el número.

# Primera parte

# Por qué, qué y quién

*Sabemos que el tema del suicidio puede ser atemorizante. Podría percibirse como algo todavía más temible si conoces a alguien que ha intentado cometer o cometido suicidio, o si tú has considerado suicidarte.*

*También sabemos que el suicidio puede ser un tema sobre el que no has tenido muchas oportunidades de hablar con tus padres, maestros o amigos. Los primeros tres capítulos de* Mi amigo habla de suicidarse *te darán la información que necesitas para lograr que el suicidio parezca menos atemorizante y se sienta más como un problema que puedes comprender.*

# 1

# ¿Por qué alguien querría morir?

Tal vez conoces a alguien que ha intentado suicidarse. A lo mejor conociste a alguien que se suicidó. De ser así, probablemente te has escuchado o has escuchado a otros preguntar: "¿Por qué querría morir?" o "¿Por qué le haría algo así a su familia?"

Esas son preguntas naturales, pero por lo general no te ofrecen una respuesta acertada sobre los motivos por los que alguien a quien conoces escoge el suicidio. Esta es la pregunta que debemos formular: "¿Qué problema o problemas estaba tratando de solucionar esa persona?" Tal vez te parezca extraño, pero la mayoría de los adolescentes suicidas en realidad no intentan morirse. Simplemente están tratando de resolver uno o varios problemas. La tragedia es que eligen una solución *permanente* para sus problemas *temporales*. Lo más importante que se tiene que recordar es que la mayoría de los jóvenes que intentan suicidarse o que se suicidan no desean morir. Lo que quieren es escapar de esos problemas que piensan que son demasiado grandes o terribles como para tener una posibilidad de solución. Sus problemas les causan dolor emocional y físico, y el suicidio parece ser una manera segura de lograr que ese dolor se detenga.

¿Cómo podemos saber con seguridad que los miles de jóvenes que cometieron suicidio el año pasado realmente no querían morir? Y si no querían morir, ¿por qué murieron?

Las personas que trabajan con adolescentes suicidas piensan que la mayoría no quiere morir debido a las maneras en las cuales intentan morirse. La mayoría de los jóvenes intentan suicidarse en sus propios hogares entre las cuatro de la tarde y la medianoche.[1] En otras palabras, hacen el intento en el lugar en el que es más probable que los encuentren, y lo hacen durante las horas del día en las que alguien de su familia probablemente esté presente. Las posibilidades de rescate son altas, y las personas que desean ser rescatadas en realidad no desean quitarse la vida.

¿Pero qué hay de los jóvenes que no fueron rescatados? ¿Cómo podemos estar seguros de que en realidad no querían morir? No nos resulta posible estarlo, pero podemos obtener indicios de lo que estaban pensando si hablamos con los jóvenes que sobrevivieron a los intentos de suicidio que tendrían que haber acabado con sus vidas.

Cada uno de estos adolescentes escogió una hora, y un método de muerte, que dejaba poco espacio para el rescate. Algunos de ellos sobrevivieron a heridas de bala en la cabeza, saltos de puentes altos, o choques a alta velocidad contra muros de ladrillos y árboles. Se les preguntó: "¿Qué pensabas mien-

1. Johnston, J., *Why Suicide?* Nashville: Thomas Nelson Books, 1987.

tras jalabas del gatillo?" "¿Qué imaginaste cuando saltaste del puente?" "¿Qué pensaste cuando supiste que ibas a chocar?" Todos ellos respondieron: "Quería cambiar de idea".

Enfrentados a la seguridad de su propia muerte, la mayoría de los jóvenes dijo que se había dado cuenta repentinamente de que sus problemas no eran tan grandes como para no poder ser resueltos de alguna manera. Sus dificultades no eran tan graves como para que no hubiera manera de sobrevivirlas. En ese segundo antes de que casi murieran, supieron que querían vivir.

Pero ¿qué hay de los más de cinco mil jóvenes, tan solo en Estados Unidos, que sí cometieron suicidio el año pasado?[2] ¿Por qué realmente murieron cuando en realidad no deseaban hacerlo? Algunos murieron porque calcularon mal quién estaría en casa para rescatarlos durante su intento de suicidio. Algunos otros fallecieron pensando: "Quiero cambiar de idea". Otros murieron porque no tuvieron un amigo que se acercara a ellos y les brindara la ayuda que necesitaban.

Para ayudar a evitar que un amigo se suicide, necesitas saber un poco sobre la conducta humana. Conocer algo de psicología te ayudará a comprender por qué alguien a quien conoces podría elegir el suicidio.

La mayoría de la gente requiere de dos cosas básicas para tener un sentimiento positivo sobre su vida:

1. *Necesitan amor.*
2. *Necesitan sentirse bien respecto a sí mismos.*

La mayoría de las conductas son influenciadas por dos principios básicos:

1. *Las personas se comportan de acuerdo a la manera en la cual se sienten respecto a sí mismas.*
2. *Cada conducta tiene un propósito; las acciones de la gente no son accidentales.*

---

2. National Center for Health Statistics, *NCHS Monthly Vital Statistics Report* 41 (7, Suplemento). 1990.

Una vez que estés familiarizado con estas ideas clave y con la manera en la cual funcionan en la vida diaria, comprenderás un poco mejor por qué algunos jóvenes podrían desear suicidarse. Verás de qué manera un amigo afectuoso y preocupado puede tener un papel significativo en la reversión de los pensamientos suicidas de alguien y en la detención de los planes suicidas de un joven.

## La necesidad de amor

Todos nosotros debemos sentirnos amados antes de podernos sentir bien respecto a nosotros mismos y a nuestras vidas. Esta fuerte necesidad tiene tres partes importantes:

- *una necesidad de ser amado;*
- *una necesidad de amar, y*
- *una necesidad de pertenencia.*

Si estos tres ingredientes están presentes en nuestras vidas la mayor parte del tiempo, nos resulta posible soportar los altos y bajos de la vida y resolver nuestros problemas bastante bien.

Por ejemplo, veamos la escuela. Si eres un estudiante promedio que tiene muchos amigos y que se lleva bien con la mayoría de sus maestros, entonces probablemente no te vas a desmoronar si repruebas un examen de historia. Tal vez te sientas mal por tu baja calificación, y a lo mejor sientas pena de enfrentar a tu maestra cuando te entregue las calificaciones. Tal vez te recrimines no haber estudiado la noche anterior, y podrías tomar la decisión de obtener una mejor calificación la próxima vez. Esa "F" probablemente te haya arruinado la mañana, pero no estropeó tu vida. Todavía bromearás con tus compañeros a la hora del almuerzo, y aún harás planes para el fin de semana con tu novia o novio. Sabes que la vida tiene una manera de equilibrarse, y tu calificación de historia podrá ser mala, pero no es un desastre.

Algunas de las razones por las que puedes superar la mala calificación de historia es que sabes que les agradas a tus amigos y a la mayoría de tus maestros, tal como ellos te agradan a ti. También sabes que perteneces, que tienes un lugar entre tus amigos y en tu escuela en el que encajas. Por muchas razones, algunos jóvenes sienten que no le agradan a nadie y que nadie los quiere. Podrían sentirse como extraños en la escuela, y hasta en su propia casa.

Los adolescentes que no sienten amor por otras personas, y que no sienten que encajan en sus familias, sus escuelas o sus colonias, no manejan sus problemas con tanta facilidad. Los fracasos escolares, los problemas en casa y las discusiones con los amigos aumentan su sentimiento de odio por sí mismos, de inutilidad y de soledad. Cuando estos sentimientos aumentan, los problemas parecen más grandes y más difíciles de resolver. Hasta aquellos problemas que estos adolescentes pensaron alguna vez que eran nimios crecen en importancia, porque sus actitudes sobre sí mismos se han amargado.

Algunos jóvenes han comparado este sentimiento de soledad y problemas a sentirse como si se ahogaran o fueran aplastados por una tristeza muy pesada. ¿Qué crees que es lo que más necesitan para poder superar estos momentos de tristeza? Si respondiste "un amigo" estás en lo correcto.

Piénsalo. Si estás planeando suicidarte porque crees que nadie te ama, entonces, que alguien se preocupe lo suficiente como para hablarte podría darte un rayo de esperanza. Si estás pensando en morir porque no amas a nadie, entonces que alguien sea amable contigo enciende una chispa de calidez dentro de tu corazón. Si quieres acabar con tu vida porque sientes que no encajas, entonces un amigo puede hacerte creer que al menos tienes un lugar junto a él.

Un amigo interesado y atento puede evitar que alguien se suicide porque éste ayuda a satisfacer alguna parte de la necesidad básica de amor que todos tenemos. En ocasiones, todo lo que hace falta es un momento de atención para darle a otra persona un motivo para vivir.

# Sentirte bien contigo mismo

Aprender sobre el suicidio no significa memorizar fórmulas complicadas. Pero hay una "fórmula" sencilla que nos dice algo sobre las cosas que nos hacen sentir bien o mal respecto a nosotros mismos: **E + IO = CTM y NE.**

Las siglas significan tu **E**ntorno más tu **I**nteracción con **O**tros, es igual a tu **C**oncepto de **T**i **M**ismo y a tu **N**ivel de **E**strés. Al desarrollar esta fórmula, puedes aprender mucho sobre cómo y por qué te sientes feliz o triste. Veamos primero el lado izquierdo de la fórmula.

Un *entorno es* el lugar donde puedes estar con otras personas. Operas en muchos entornos, incluyendo a tu casa, la escuela y tu colonia. Cuando estás con tus amigos, estás en un entorno de congéneres. Tal vez tengas todavía más entornos, tales como el trabajo, la iglesia o la cancha de baloncesto. En cada uno de estos lugares, *interactúas con otros.* Hablas, ríes y discutes. A veces simplemente estás en silencio.

Ahora veamos el otro lado de la fórmula. Tu *concepto de ti mismo* mide cómo te sientes sobre ti mismo. ¿Estás contento de ser quien eres, o sientes pena de ti mismo, o desearías ser otra persona? Tu *nivel de estrés* mide cuán perturbado o tranquilo te sientes interiormente. Tu concepto de ti mismo y tu nivel de estrés están directamente relacionados con la manera en la cual te hacen sentir sobre ti mismo tu vida, tus entornos e interacciones con otros.

. . . . . . . . . . . . . . . . . . . . . . . . . . . . . . . . . . . . . . . .

### ¿DE DÓNDE VIENE NUESTRO CONCEPTO DE NOSOTROS MISMOS?

- Nuestro concepto de nosotros mismos proviene de nuestro interior. La manera en la cual nos sentimos sobre nosotros mismos, sobre nuestras vidas y sobre nuestros amigos afecta nuestro concepto de nosotros mismos.

- Nuestro concepto de nosotros mismos proviene de los demás. La manera en la cual nuestros amigos, padres o entrenadores nos tratan y qué nos dicen afecta nuestro concepto de nosotros mismos. ¿Cómo te harían sentir sobre ti mismo las siguientes cosas?
- Tus padres te aprecian.
- Repruebas un examen.
- Tus amigos te apoyan.
- Tu entrenador te grita.
- Logras entrar en el equipo de porristas.
- Alguien te dice estúpido.
- Te eligen para el consejo estudiantil.
- Haces pasar vergüenza a un amigo.

Si tus entornos son agradables y te llevas bien con la gente, entonces te vas a sentir positivamente sobre ti mismo y tu nivel de estrés será bajo. Sentirás que la vida es maravillosa. Sin embargo, la vida no siempre es maravillosa. Nuestros entornos no siempre son agradables, y no siempre nos llevamos bien con todo el mundo. La vida real es una bolsa mezclada de experiencias positivas y negativas. Es allí donde la fórmula se vuelve útil, porque nos ayuda a comprender cómo nos afectan los negativos y positivos.

Imaginemos que las cosas negativas que te suceden son pesas de cien libras. ¡Trata de llevar una de ellas alrededor de tu cuello! Las cosas positivas que te suceden son globos coloridos que pueden levantar, cada uno, una pesa de cien libras. Pongamos esas pesas y esos globos en la fórmula.

Imagina que tu maestro te halaga enfrente de todo el salón, obtienes la cita que quieres para el viernes en la noche, tu madre te sube la mesada y anotas el punto ganador en el juego de baloncesto. Eso suma cuatro globos. Todo esto junto eleva tanto tu concepto de ti mismo que sientes que estás flotando.

Ahora imaginemos que el día no es tan perfecto. No te suben la mesada, y no anotas el punto ganador. Eso suma doscientas libras de pesas pesadas. Pero los halagos de tu maestro y la cita del viernes te dan 200 libras de fuerza, así que al menos estás parejo.

Ahora imagina que tu maestro te avergüenza enfrente de todo el salón, tu cita del viernes se cancela, no obtienes un aumento en tu mesada y no anotas ese punto. ¿Te hunden todos estos pesos? Tal vez. Depende de cuánto anheles la cita del viernes, de lo positivo que te sientas sobre la escuela en general, y cuántos otros globos tengas en tu vida. Mientras que las pesas y los globos estén más o menos equilibrados la mayor parte del tiempo, la vida sigue pareciendo estable y agradable.

Ahora imagina un día totalmente terrible. Se cancela tu cita, repruebas el examen, te castigan y no logras anotar el punto ganador en el último segundo del juego. ¿Cómo te sientes? ¿Aplastado? Por supuesto. Después de todo, eres un niño tonto y torpe, con padres y maestros malvados y una cita cancelada... al menos, eso es lo que te parece. ¿Por cuánto tiempo tienes sentimientos negativos respecto a tu vida? Eso depende de cuántas cosas malas te hayan pasado recientemente, cómo te sientes sobre ti mismo cuando tienes uno de esos días realmente malos, y por cuánto tiempo duren esos sentimientos.

Los pesos de la vida se pueden sentir especialmente pesados cuando una persona joven se siente atrapada bajo su carga. Los terapeutas a menudo describen estos sentimientos como las tres "Ies": la vida es *ineludible, interminable* e *intolerable.* Cuando los adolescentes sienten que no pueden escapar de sus problemas, o superarlos, cuando creen que su tristeza continuará para siempre, y cuando temen no ser capaces de tolerar esa tristeza por mucho tiempo más, verán al suicidio como un camino de escape.

Los adolescentes preocupados y aplastados también podrían debatirse con las tres "Ds": sentirse *desvalidos, desgraciados* (sin suerte) y *desesperados.* Estos sentimientos los llevan a sentir que son impotentes, y esta creencia los llena de desesperación.

La vida produce una mezcla de globos y pesas que nos levantan y nos aplastan. Los jóvenes que se sienten suicidas tienen, o sienten que tienen, más pesas que globos en sus vidas. Las tres "Ies" y las tres "Ds" también los ayudan a creer que sus problemas son insolubles e ineludibles y que no pueden cambiar la mala suerte que tienen en sus vidas. Cuando se sienten aplastados bajo los pesos que parecen interminables es cuando podrían pensar en quitarse la vida.

Un amigo afectuoso que llega cuando la vida se siente pesada es como un globo. Un amigo que está dispuesto a escuchar ayuda a aliviar el peso y hace que los problemas parezcan tener solución. Lo mismo sucede con un amigo que te acompaña a encontrar a otra persona que pueda ayudar.

## Los sentimientos afectan la conducta

Las personas se comportan de acuerdo a la manera en la que se sienten sobre sí mismas en todo momento. Piensa en los momentos de tu vida en los que pensaste que las cosas iban realmente bien y tu ánimo subía más y más. Todo indica que durante esos momentos asististe a la escuela, terminaste las tareas a tiempo y te fue bien en los exámenes. Si jugabas en un equipo deportivo, probablemente te sentiste bien sobre tu desempeño. Lo más probable es que también te hayas llevado bien con tus amigos y tus padres. Actuabas como alguien que se sentía positivo.

Cuando la vida va bien, sonreímos más y somos más pacientes con los demás, aun cuando digan o hagan cosas que no nos agraden demasiado. Cuando la vida va bien tenemos más energía. Esta energía positiva nos ayuda a desempeñarnos bien en la escuela, el trabajo y nuestras interacciones con los demás.

Sin embargo, cuando la vida no va tan bien, nos sentimos y actuamos negativamente. Decimos y hacemos cosas que reflejan nuestros sentimientos infelices, temerosos o enojados. Durante esas épocas tristes, somos más propensos a tener problemas en casa y en la escuela. Podríamos buscar peleas, y todo y todos nos molestan. Debido a que nos sentimos mal respecto a nosotros mismos, es posible que nos comportemos como si odiáramos a todos los demás. También podríamos estar enfurruñados y alejados. Si actuamos enojados y decimos cosas malvadas, no pasará mucho tiempo antes de que los demás se alejen de nosotros.

Recuerda algún momento en el que te haya sucedido algo triste. Tal vez terminaste con tu novia o novio, quizás perdiste tu trabajo, a lo mejor tuviste una discusión terrible con uno de tus padres. ¿Cómo te sentiste? ¿Cómo te comportaste? ¿Quedaron tus sentimientos reflejados en tu conducta? A lo mejor tus acciones fueron similares a las de Larry.

Larry tenía una relación estable con Sara desde que ambos habían iniciado la preparatoria, sin embargo, durante el verano posterior a la graduación, Sara no pareció sentirse demasiado feliz de salir con Larry. Asistirían a universidades diferentes en el otoño, y Sara dijo que ya no quería una relación formal. Ni siquiera deseaba seguir viendo a Larry, quería ser libre de conocer y salir con personas nuevas.

Ponte en el lugar de Larry. ¿Cómo te sentirías si alguien a quien amas y con quien compartiste cuatro años de tu vida repentinamente no quisiera estar contigo? Así es como Larry describió sus sentimientos: "Me sentí terriblemente mal. Pensé que era el fin del mundo. Supe que nunca en toda mi vida habría otra mujer como Sara".

Lo que Larry sentía se reflejó en su conducta. Justo después del término de su relación con Sara sufrió un severo ataque de asma, lo que fue la respuesta de su cuerpo a su alto nivel de estrés. Comenzó a beber mucho y a menudo se ponía ebrio. Decidió que odiaba a todas las mujeres y era grosero con todas aquellas que formaban parte de su vida. Se sintió deprimido. Se decía cada vez más a menudo que no valía la pena vivir la vida. Pensó en el suicidio y luego explicó: "Pensé que eso acabaría con el dolor".

Larry compartió sus pensamientos de suicidio con su mejor amigo. Este había estado preocupado por él. Había visto a Larry bebiendo demasiado, alejando con rudeza a las mujeres y simplemente arrastrarse pesadamente por la vida. Cuando Larry le dijo que estaba pensando en suicidarse, su amigo actuó de inmediato. "Me dijo que tenía que buscar ayuda" dijo Larry. "Dijo que nadie, ni siquiera Sara, merecía que muriese por su causa, y me acompañó a hablar con mi entrenador."

Para Larry, hablar con su entrenador marcó una diferencia. Este le dijo que dejara de beber, que dejara de arrastrarse pesadamente por la vida y que comenzara a hacer más cosas con sus amigos. Larry escuchó porque respetaba a su entrenador y confiaba en su opinión. Tampoco el entrenador olvidó a Larry. Aproximadamente una semana le preguntaba al joven cómo le estaba yendo y si estaba siguiendo sus consejos. Pocos meses después, Larry comenzó a salir con chicas nuevamente. Eventualmente comenzó a creer que podía vivir sin Sara.

## Toda conducta tiene un propósito

¿Alguna vez has observado a un niño pequeño que comienza a gemir y llorar porque tiene sueño? Ese simpático pequeño que era todo sonrisas y diversión en la mañana, se convierte en un monstruo a la hora de la siesta. El no puede decir: "Mamá, papá, estoy realmente cansado y me sentiría mucho mejor después de dormir un rato". En su lugar, se comporta como un pequeño terror hasta que un adulto entiende el mensaje y lo acuesta.

Los adolescentes que están pensando en suicidarse tienen mucho en común con ese niño. No pueden hablar de sus sentimientos y dolor, así que dejan que sus conductas hablen por ellos. Consciente o inconscientemente, esperan que su intento de suicidio llame la atención.

Esta necesidad de atención es más que una manera de decir "Mírenme. Amenme. Encuéntrenme". Es una manera en la que el joven hace señales pidiendo ayuda. Los adolescentes suicidas no pueden decir "Tengo problemas que no puedo resolver. Debería poder, pero no puedo. Estoy actuando como si quisiera quitarme la vida porque quiero que alguien me salve de mi plan suicida".

Si toda conducta tiene un propósito, entonces el propósito de un intento de suicidio es expresar una necesidad de ayuda y hacer saber a los demás que el joven en realidad no desea cometer suicidio.

## Ayuda, no suicidio

Recuerda, no importa cuánto hable alguien de querer morir, en realidad él no desea la muerte. Quiere ayuda con sus problemas. No importa lo detallados que sean los planes de suicidio de tu amigo, en realidad no quiere morir. Quiere a alguien que pueda ayudarlo a sentirse bien de estar vivo. Tú puedes ser ese alguien.

### PROBLEMAS Y SITUACIONES QUE HAN IMPULSADO A LOS JÓVENES A INTENTAR O COMETER EL SUICIDIO

Los siguientes son sólo algunos de los problemas y situaciones que conocemos que han impulsado a algunos jóvenes al suicidio:

- la muerte de un hermano
- un posible embarazo
- problemas con los padres
- la muerte de un padre y la venta de la granja familiar
- pérdida de la audición

- reprobar un examen
- terminar con una novia/novio
- no lograr entrar al equipo de porristas
- no entrar en un equipo atlético
- un problema de drogas
- ser homosexual, o estar confundido sobre su orientación sexual

Revisa esta lista y pegúntate:

- ¿Cuáles de estos problemas son temporales?
- ¿Cuáles podrían mejorar con el tiempo o con ayuda?
- ¿Por cuáles vale la pena suicidarse?

# 2

# Lo que necesitas saber sobre el suicidio

Debido a que el suicidio amenaza las vidas de muchos miles de jóvenes todos los años, todos los adolescentes deberían saber sobre el tema y hacer algo al respecto. Una persona como tú puede marcar una diferencia.

Antes de que puedas ayudar a un amigo suicida, es importante tener algo de información básica sobre el suicidio y la gente suicida. Es especialmente importante conocer algunos hechos erróneos sobre el suicidio que a menudo están más difundidos que la verdad. Es posible que ya hayas escuchado y creído parte de estos errores. Este capítulo te dará el conocimiento que necesitas para comprender mejor a un amigo o conocido que podría estar en peligro.

## Hecho: en la actualidad, el suicidio es una de las principales causas de muerte entre los jóvenes

El suicidio es el asesino número dos entre los jóvenes de entre quince y veinticuatro años de edad, tanto en Estados Unidos como en Canadá.[1] Los accidentes, incluyendo sobredosis de drogas, accidentes de un solo automóvil, heridas por disparos de bala autoinfligidos, caídas de puentes y edificios y auto envenenamientos, ocupan el primer lugar.[2] Quienes estudian los suicidios adolescentes piensan que muchas de estas muertes accidentales fueron en realidad suicidios que simularon ser accidentes. Si tienen razón, entonces el suicidio es la principal causa de muerte de los adolescentes.

El National Center for Health Statistics estimó que en 1992, más de cinco mil jóvenes se suicidaron, y muchos expertos piensan que ese cálculo es bajo. Además de los suicidios equivocadamente calificados de "muertes accidentales", muchos suicidios no se reportan. Para las familias es doloroso admitir que sus hijos o hijas han cometido suicidio.

En ocasiones, la policía no califica de suicidio una muerte a no ser que la persona haya dejado una nota, y la mayoría de aquellos que se suicidan no la dejan. A veces la policía simplemente no puede estar segura de que una muerte en particular haya sido un suicidio, y duda de calificarlo como tal a no ser que esté segura.

---

1. Crook, Marion, *Please, Listen to Me! Your Guide to Understanding Teenagers and Suicide.* Bellingham, WA: Self-Counsel Press, 1992.
2. U.S. Department of Health and Human Services, "Assessment and Documentation of Youth at High Risk for Suicide", enero de 1989.

Cada año un estimado de quinientos mil jóvenes intentan suicidarse.[3] Es difícil imaginar a un grupo tan grande, así que piensa en todos los habitantes de una ciudad como Nueva Orleáns o Denver intentando suicidarse el mismo año.

Estudio tras estudio muestra que al menos un tercio de todos los jóvenes de Estados Unidos ha pensado seriamente en quitarse la vida. El rango de edad para el suicidio está bajando, y niños cada vez más jóvenes piensan, intentan y cometen el suicidio. Se predice que durante los próximos diez años, el porcentaje aumentará más rápido entre niños de entre diez y catorce años de edad.[4]

## Hecho: pocos suicidios suceden sin alguna advertencia

La mayoría de los adolescentes que intentan o cometen el suicidio han dejado un rastro de pistas o señales de advertencia. Han dicho o hecho cosas para comunicarles a los demás que están en problemas y que piensan en morir. Pocos adolescentes mantuvieron en absoluto secreto su intención de morir. La mayoría al menos le contó a un amigo sobre sus planes.

## Hecho: el suicidio es prevenible

Algunas personas piensan que si los jóvenes son suicidas, no hay manera de evitar que se quiten la vida. Muchos también creen que aquellos que no logran cometer el suicidio en el primer intento lo seguirán intentando hasta que lo logren.

3. Kolehamainen, J. y Handwerk, S., *Teen Suicide: A Book for Friends, Family and Classmates.* Minneapolis: Lerner, 1986.
4. Frederick, C. J., "An Introduction and Overview of Youth Suicide", en *Youth Suicide* de M. L. Peck, N. L. Farberow y R. E. Litman (editores). Nueva York: Springer, 1985.

La verdad es que la mayoría de los adolescentes tienen pensamientos suicidas una sola vez en sus vidas. Una gran cantidad de ellos son peligrosos para sí mismos sólo por un breve periodo de tiempo —entre veinticuatro y setenta y dos horas. Si alguien evita que lleven a cabo sus planes y les muestra adónde recurrir por ayuda, es muy probable que no vuelvan a intentar suicidarse en toda su vida.[5]

## Hecho: hablar del suicidio no les dará ideas a los adolescentes

Algunas personas piensan que hablar de cualquier cosa peligrosa hará que los adolescentes quieran intentarlo. Probablemente has escuchado a alguna persona decir que no se les puede hablar sobre drogas a los jóvenes porque querrán usarlas, o que no se les puede hablar del sexo porque querrán probarlo. Algunos padres, maestros y terapeutas no quieren mencionar la palabra "suicidio" porque creen que hacerlo les dará la idea de morir a los jóvenes.

La verdad es que hablar del suicidio no hace que los adolescentes quieran suicidarse. En su lugar, hablar del tema les da a los adolescentes suicidas la oportunidad de comunicar que la idea del suicidio les ha estado carcomiendo el corazón y el cerebro. Si alguien que conoces está insinuando que se quiere suicidar, esta persona ya está pensando en eso. No le darás ninguna idea que no haya tenido. Tu disposición a hablar sobre el suicidio lo ayudará a expresar sus ideas abiertamente, y es menos probable que los pensamientos suicidas que se expresan abiertamente se conviertan en conductas suicidas.

5. Capuzzi, D. y Golden, L., *Preventing Adolescent Suicide*. Muncie, IN: Accelerated Development, Inc., 1988.

## Hecho: el suicidio no es hereditario

Puedes heredar el color de los ojos de tu madre, o los hoyuelos de tu padre, pero no puedes heredar un gene del suicidio. Sin embargo, podrías tener un *riesgo* mayor de suicidio si alguien de tu familia se ha suicidado.

A fin de comprender lo anterior, piensa en una familia en la que los padres fuman cigarrillos, beben alcohol en exceso, o utilizan otra clase de drogas. Los niños de esta familia corren el riesgo de copiar las conductas peligrosas de los padres. Se dice que estos niños tienen un "factor de sugestionabilidad", o la idea de que si sus padres u otros familiares hacen algo, entonces hacerlo debe estar bien. Por supuesto, esto no significa que tengan que copiar la conducta de sus padres. Podrían hacer otras elecciones más sanas.

## Hecho: la mayoría de las personas suicidas no están mentalmente enfermas

Debido a que la conducta suicida no es vista como normal o sana, muchas personas equivocadamente creen que la gente suicida debe estar "loca". Agrupan a los suicidas junto con aquellos que padecen una enfermedad mental severa. Algunos creen que los suicidas son peligrosos tanto para sí mismos como para otras personas.

Las personas suicidas podrían comportarse de manera "loca" o "enferma", pero su conducta no necesariamente surge de una enfermedad mental diagnosticada. En su lugar, sus acciones y pensamientos son el resultado de algo que ha salido mal en sus vidas. Además, la mayoría de las personas suicidas no son peligrosas para los demás. Tal vez estén enojadas, pero su enojo está dirigido hacia ellos mismos.

Los jóvenes que intentan o cometen el suicidio no están "locos", y por lo general no son peligrosos para nadie que no sea ellos mismos. La mayoría de ellos se debate con problemas emocionales de corto plazo, que los hacen sentir suicidas por un breve periodo de tiempo. Sólo una pequeña cantidad de estos jóvenes padece de problemas químicos o físicos en el cerebro que los hacen actuar o sentirse raros por largos periodos de tiempo.

Tal vez hayas escuchado hablar de la enfermedad mental llamada depresión maniaca, que causa cambios extremos en el estado de ánimo que oscilan entre una gran felicidad y una profunda tristeza. A lo mejor has oído hablar de la esquizofrenia, que hace que una persona vea o escuche cosas que otros no ven ni escuchan y que se comportan de maneras extrañas. Los investigadores saben que la depresión maniaca y la esquizofrenia están relacionadas con anormalidades físicas del cerebro.

También se está estudiando la serotonina, un químico que se encuentra en el cerebro, a fin de conocer los posibles efectos que tiene en el suicidio. Los investigadores que estudian la serotonina y el suicidio han descubierto que las personas que han intentado y cometido el suicidio tienen niveles más bajos de lo normal de este químico en el cerebro. Estos investigadores piensan que la serotonina podría actuar como "freno" para los impulsos violentos, y la gente que no tiene la suficiente podría dañarse a sí misma.[6]

Las personas que sufren de depresión maniaca, esquizofrenia o de niveles bajos de serotonina pueden estar profundamente deprimidas o enojadas la mayor parte del tiempo, no porque sus vidas sean miserables, sino porque los químicos de sus cerebros los hacen sentir desdichados o enojados.

Algunas personas que padecen de enfermedades mentales sí se suicidan. No pueden soportar vivir con sus dramáticos

6. Holden, Constance, "A New Discipline Probes Suicide's Multiple Causes", *Science*, Vol. 256, junio 26, 1992.

cambios de estado de ánimo y conductas incontrolables. La mayoría de tus amigos y conocidos probablemente no se encuentren en este grupo de gente.

## Hecho: la gente que habla de suicidio se suicida

De cada diez adolescentes que intentan o cometen el suicidio, siete le han contado a alguien, de alguna manera, sobre sus planes.[7] Así que la mayoría de los jóvenes que hablan de suicidio no están jugando. Sin embargo, lo que dicen hace que los demás se sientan incómodos. Decir o pensar algo como "No habla en serio", "Está alardeando" o "Sólo dice eso para llamar la atención", es una de las maneras en las que la gente maneja su incomodidad. Por el bien de tu amigo, apuesta a lo seguro. Toma en serio cualquier mención al suicidio.

## Hecho: el suicidio no es sólo una manera de llamar la atención

A menudo, los padres y amigos no responden a un joven que dice "Me voy a suicidar". Creen que el adolescente sólo está pidiendo que le presten atención y que está tratando de utilizarlos o engañarlos a fin de que hagan algo que él quiere.

Si alguien a quien tú conoces está hablando de suicidarse, es cierto que sólo podría estar tratando de llamar la atención. Al mismo tiempo, podría estar hablando en serio sobre el suicidio. A fin de ser un amigo en esta situación, es necesario que

---

7. Rickgarn, R. L., *The Issue Is Suicide*. Minneapolis: University of Minnesota, 1983.

hagas a un lado tus propios sentimientos sobre lo que significa llamar la atención. En su lugar, tienes que prestar atención a lo que está diciendo tu amigo, no a los que piensas que podrían ser sus motivos para hablar del suicidio.

Podría ser útil recordar que cualquiera que trate de llamar la atención amenazando con quitarse la vida debe estar sintiéndose desesperado. Aun en el caso de que tu amigo esté tratando de llamar la atención, su conducta inusual demuestra que tiene problemas. Algo ha salido mal en su vida. El mejor plan es escuchar lo que tiene que decir y tomar en serio sus amenazas.

## Hecho: los adolescentes suicidas creen que sus problemas son serios

Diferentes personas perciben las mismas situaciones y problemas de maneras distintas, y también sienten sus efectos de maneras diversas. Aquello que a una persona podría parecerle trivial podría ser el fin del mundo para otra.

Digamos que un día tu amiga admite que quiere morir porque algo espantoso ha pasado en su vida. Tú quieres ser compasivo, pero es difícil porque ese "algo" no parece ser tan importante para ti. Tal vez su novio terminó con ella, o no obtuvo el papel que quería en la obra de teatro, o su mamá está saliendo con alguien que a ella no le agrada. Podrías pensar: "Eso es duro, pero no me puedo imaginar que alguien quiera morir por ello". Lo que tienes que recordar es que tú no eres quien se siente suicida por esos motivos, sino tu amiga.

Probablemente no tengas problemas para aceptar que los jóvenes y los adultos a menudo ven las cosas de manera diferente. Algo que a ti te parece terrible podría no ser la gran cosa para tus padres, y viceversa. Tal vez te sientas deprimido porque discutiste con tu mejor amigo. Sin embargo, tus padres podrían decir: "¿Cuál es el problema? Tienes muchos amigos".

Los adolescentes y los adultos no son los únicos dos grupos que ven las cosas de diferentes maneras. Los amigos pueden tener distintas opiniones sobre lo que es maravilloso, lo que es terrible y lo que es más o menos. Si tu amigo cree que algo horrible ha sucedido en su vida, acepta que eso es lo que él cree. A fin de ser un buen amigo, debes escuchar lo que lo está hiriendo y hacerle saber que quieres ayudar.

## Hecho: muchas cosas llevan al suicidio

Has escuchado la expresión "la gota que rebasó el vaso". Las cosas que llevan al suicidio son como gotas que se acumulan dentro del vaso. Por sí misma, una gota es muy poco para rebasar el vaso. También lo que son dos gotas, ni siquiera una docena llenan el vaso. Pero imagina que el vaso ya contiene suficientes gotas de agua. En algún momento una será la "última gota".

Por lo general la gente no intenta cometer suicidio porque le ha pasado una cosa. Por lo general, su acto suicida tiene lugar después de que han pasado varias cosas malas.

Un joven intentó suicidarse después de que murió su perro, o eso fue lo que pensó la gente. Muchos sacudieron sus cabezas y se preguntaron por qué este joven, de otra manera normal, había intentado quitarse la vida por un perro. Podían comprender que se sintiera muy mal por la pérdida de su mascota, pero no podían comprender que quisiera morir por eso.

La verdad es que el joven no estaba intentando morir porque su perro hubiese muerto. Quiso morir porque en el curso de unos pocos meses, que culminaron con la muerte del perro, su padre y su amada abuela habían muerto. Cuando perdió a su perro, también, fue la última pérdida que pudo tolerar. Todo ello lo quebró y casi lo mata. Si él está vivo hoy es porque alguien en su vida se interesó lo suficiente como para acercarse a él y le consiguió la ayuda que necesitaba.

## Hecho: las personas que cometen suicidio no son de ningún tipo especial

Sería fácil evitar que los jóvenes se suicidaran si sólo cierto tipo de adolescentes cometieran suicidio. Lamentablemente, no hay ningún tipo identificable de jóvenes que cometan o intenten suicidio.

Los adolescentes de hogares acaudalados no están más a salvo de los sentimientos suicidas que aquellos en hogares pobres. Jóvenes que son populares, a los que les va bien en la escuela, y que se llevan bien con sus maestros y padres han cometido suicidio, no solamente aquellos a los que les va mal en la escuela y que parecen no llevarse bien con nadie.

Podrías pensar que un amigo se encuentra a salvo del suicidio porque parece que todo está a su favor: tiene dinero, un automóvil, muchos amigos y ropa a la moda. Pero tener todas esas cosas no significa que no pueda volverse suicida. Presta atención a lo que dicen y hacen tus amigos, y no te fijes tanto en lo que tienen y tú piensas que deben sentir.

## Hecho: la gente que intenta suicidarse está en mayor peligro cuando comienza a sentirse mejor

Muchas personas se sorprenden e impresionan cuando alguien se suicida justo cuando parecía estar mejorando. La mayoría de los jóvenes sólo son suicidas una vez en sus vidas. Sin embargo, el momento más peligroso para aquellos que podrían intentar suicidarse otra vez se presenta a alrededor de los ochenta y los cien días del primer intento.[8]

8. Peck, M. L., Farberow, N. L. y Litman, R. E., *Youth Suicide*. Nueva York: Springer, 1985.

Los jóvenes obtienen mucho apoyo y mucha atención después de que intentan suicidarse. Amigos, padres y maestros les prestan atención extra, y sienten que le agradan a todo el mundo.

Después de alrededor de tres meses, las vidas de las personas comienzan a regresar a la normalidad. Los amigos, padres y maestros todavía se preocupan por el adolescente suicida, pero se vuelven a interesar en sus propias vidas. El joven parece feliz, así que dejan de preocuparse y de prestarle tanta atención.

Pero el adolescente suicida regresa a la normalidad con más lentitud. Todavía podría estar luchando por vencer los problemas o miedos que lo empujaron al suicidio la primera vez. Podría sentirse abandonado cuando quienes lo rodean regrese a su vida normal, y podría decidir que otro intento de suicidio atraerá la atención de todos una vez más.

En ocasiones los adolescentes tristes o con problemas necesitan alrededor de tres meses después del intento de suicidio para empezar a observar su vida seriamente. Podrían encontrarse enfrentando los mismos problemas que tenían antes de intentar quitarse la vida: un romance terminado, el fracaso en la escuela, o la adicción al alcohol o las drogas. Podrían decidir que en realidad el suicidio es la única respuesta. El hecho de sentirse bien por un tiempo les da la energía para planear su siguiente intento de suicidio.

Los amigos que parecen estar bien justo después de su intento de suicidio podrían ser los que se encuentren bajo el peor peligro. Su rápido regreso a la normalidad podría ser una señal de que están planeando activamente su siguiente intento. Se sienten y se ven felices porque en sus mentes están pensando: "Muy pronto, todo esto habrá terminado".

# Hecho: un amigo preocupado y atento puede hacer la diferencia

Un amigo preocupado y atento puede marcar una diferencia crítica en la vida de alguien. Un amigo preocupado y atento puede ser un salvavidas.

Supón que un reportero te detuviera en la calle y te preguntase: "Si supieras que puedes salvarle la vida a tu mejor amigo, ¿querrías hacerlo?" Sin vacilar responderías "¡Sí!" ¿Qué amigo no desearía salvarle la vida a su mejor amigo?

Pero podrías estarte preguntando: "Aun si quisiera hacerlo, ¿podría yo salvarle la vida a otra persona?" La respuesta sigue siendo "¡Sí!"

La amiga de Mary, de dieciséis años, ayudó a salvar su vida. Mary parecía tenerlo todo. Le agradaba a todos los estudiantes y maestros de su escuela, además formaba parte del equipo de porristas y era una buena estudiante con un promedio de B+. Sin embargo, el mundo de Mary pareció hacerse añicos el día en que pensó que estaba embarazada. "Mis padres me van a matar" confesó Mary a Susan, su mejor amiga.

Susan pudo notar que Mary estaba realmente perturbada, y que no actuaba ni hablaba como ella misma. Susan supo que tenía que estar con Mary. "¿Cómo puedo ayudarte?" le preguntó.

"Nadie puede ayudarme" respondió Mary. La joven se veía tan perdida y asustada que Susan sintió que no podía dejarla sola. Sabía que tenía que pensar en una manera de ayudar a Mary. Pensó en todos los adultos en los que Mary podía confiar y decidió llevarla a hablar con la entrenadora del equipo de porristas. "Vayamos a hablar con la Señorita Hartman" sugirió Susan. Mary aceptó con renuencia.

La Señorita Hartman escuchó lo que estaba sintiendo Mary. Sugirió dos planes: "Hagamos una cita con tu médico, o vayamos juntas a hablar con tus padres". Mary no quería enfrentar a sus padres, así que aceptó ir a consultar a su médico.

Esta historia verídica tuvo un final feliz: Mary descubrió que no estaba embarazada después de todo. Luego admitió que sin la ayuda y cuidado que recibió de Susan, podría haberse suicidado. Susan podría haber salvado la vida de Mary porque se tomó el tiempo de estar allí para su amiga.

Imagina que un día uno de tus amigos comparte contigo un secreto atemorizante, como un plan de suicidio. Probablemente, el motivo por el que comparte su secreto contigo es que tu amigo confía en ti. El hecho de que tu amigo realmente no quiere morir podría ser la razón por la que está hablando contigo. El hecho de que tu amigo crea que tú intentarás comprender es el motivo por el que ha recurrido a ti. Tú eres una persona clave en la vida de tu amigo, y que confíe en ti es un grito pidiendo ayuda. Si esto te sucede alguna vez, recuerda la pregunta "Si supieras que puedes salvarle la vida a tu mejor amigo, ¿querrías hacerlo?" Tu "¡Sí!" puede marcar la diferencia en la vida de un amigo, o en la vida de cualquiera que conozcas o te interese. Si aprendes cómo acercarte, cómo escuchar, cómo formular preguntas y en qué momento buscar ayuda, podrías evitar que un amigo cometa suicidio.

En la Parte Dos de este libro te diremos cómo puedes ser un preventor de suicidios y ayudar a un amigo en problemas. También aprenderás cómo consolarte si alguien que conoces se suicida, y cómo ayudarte a ti mismo si te sientes infeliz sobre tu propia vida. Además, encontrarás algunas ideas sobre cómo hacer que tu escuela y tu comunidad se involucren en la prevención de los suicidios de jóvenes adolescentes.

# 3

# ¿Cuáles son las señales de advertencia del suicidio?

Como aprendiste en el Capítulo 2, no hay un tipo especial de personas que cometa suicidio. Los adolescentes en riesgo provienen de todo tipo de familias —ricas y pobres, felices e infelices, de dos padres o de padres separados, activas y tranquilas. Viven en todas partes del país y provienen de una amplia variedad de etnias, razas, fes y culturas.

En otras palabras, no te podemos decir que busques a un corredor de ojos cafés que conduce un gran automóvil y que ama a los gatos. Pero te podemos ayudar a estar alerta a los amigos que repentinamente comienzan a actuar de otra manera. La mayoría de las personas suicidas muestran señales de advertencia al mundo, y éstas son sus gritos pidiendo auxilio.

## Amenazas de suicidio

La mayoría de los adolescentes suicidas le dicen a otros, ya sea directa o indirectamente, que planean quitarse la vida. Una amenaza directa no deja nada librado a la imaginación: "Me voy a matar", "Estaré muerta el próximo lunes", "Me voy a volar la tapa de los sesos con la pistola de mi padre". Las amenazas directas deberían ser tomadas seriamente, aun cuando suenen excesivamente dramáticas en el momento. Pocas personas hacen comentarios serios sobre quitarse la vida sólo para ser dramáticas o graciosas.

Las amenazas indirectas son más difíciles de entender. Si tu amigo dice "El mundo sería un lugar mejor sin mí", "A veces sólo quiero que todo esto se acabe" u "Ojalá estuviera muerto", ¿tiene pensamientos suicidas o sólo tuvo un mal día? Las amenazas indirectas son engañosas porque se deslizan en las conversaciones casuales y se parecen mucho a algo que uno podría decir cuando está avergonzado, cansado, enojado o estresado.

La familia de Sean Kelly no comprendió su amenaza indirecta. Su mamá y hermanos sabían que siempre había pasado mucho tiempo en su habitación del sótano escuchando música ruidosa. Una noche su estéreo sacudió la casa. Su madre exasperada gritó por las escaleras: "¡Apaga esa maldita cosa!" Y Sean respondió: "¡Muy pronto este sótano estará en verdadero silencio!"

Para la familia Kelly, ésta fue sólo otra en la larga lista de peleas con Sean, y todos se fueron a la cama pensando que simplemente estaba siendo hosco. Pero a la mañana siguiente, cuando el hermano de Sean fue al sótano para sacar un par de pantalones de mezclilla de la secadora, encontró el cuerpo de Sean colgando de los travesaños del techo.

La familia de Sean recuerda con frecuencia sus últimas y enojadas palabras: "¡Muy pronto este sótano estará en verdadero silencio!" En el momento, esas palabras no parecieron inusuales o importantes. Después de su suicidio, destacaron como una advertencia de que pensaba suicidarse. Sin embargo, esta amenaza indirecta no fue obvia antes de su muerte.

Las amenazas directas o indirectas son indicios importantes, pero las amenazas indirectas en particular podrían ser difíciles de detectar. Afortunadamente, hay otras señales de advertencia que puedes buscar.

## ADVERTENCIAS VERBALES

Si alguien que conoces hace comentarios como los siguientes, podría estar pensando en el suicidio.

- "He decidido matarme."
- "Fue suficiente, se acabó."
- "Ojalá estuviera muerto."
- "Ya he vivido lo suficiente."
- "Odio mi vida."
- "Odio a todos y a todo."
- "La única salida es la muerte."
- "Ya no puedo seguir."
- "Ya no me verán por aquí."
- "¿Crees en la reencarnación? Algún día me gustaría volver."
- "Si no te vuelvo a ver, gracias por todo."
- "Me voy a ir, estoy cansado de la vida."

## Cambios repentinos en la conducta

Cuando la gente deja de actuar como siempre de manera repentina, por lo general es una señal de que algo está mal en sus vidas. Recuerda que las personas se comportan de acuerdo a la manera en la que se sienten en cualquier momento dado. Las personas suicidas están aplastadas por la tristeza, la preocupación y, a menudo, por el odio contra sí mismas. Sus conductas y apariencia reflejarán sus sentimientos negativos. Presta atención si alguien a quien conoces comienza a actuar de manera diferente en una o más de las siguientes maneras.

- *Comida.* Los adolescentes que comían bien pueden volverse melindrosos, y los comedores frugales o moderados podrían comenzar a comer mucho. Quienes son delgadas engordan y los que son rollizos comienzan a adelgazar.
- *Sueño.* La mayoría de los adolescentes suicidas parecen no poder permanecer despiertos; prácticamente se pasan la vida durmiendo. Pero algunos se convierten en aves nocturnas, paseándose por sus recámaras o volviendo tarde a casa sin ningún motivo.
- *Escuela.* Muchos estudiantes de excelentes a promedio comienzan a faltar a la escuela, y sus calificaciones empiezan a bajar. Los jóvenes que ya se enfrentaron a las malas calificaciones y a tiempos difíciles a menudo abandonan la escuela.
- *Apariencia.* Los adolescentes suicidas a menudo dejan de preocuparse por cómo se ven. Dejan de prestarle atención a su cabello y ropa, y podrían dejar de bañarse. Los jóvenes en crisis a menudo se ven descuidados y sucios y no parece ni molestarles ni importarles.
- *Actividades.* Los adolescentes que sufren pierden el interés en las cosas que solían amar. Los atletas dejan sus equipos, los músicos dejan de tocar sus instrumentos, y los corredores regulares dejan de correr. Muchos también dejan de ver a sus amigos; dejan de juntarse con el grupo o de hacer las cosas que todos solían hacer juntos.

- *Aislamiento.* Los adolescentes suicidas a menudo se encierran en sí mismos y sus recámaras. Se ponen los audífonos y se alejan de la vida. En ocasiones se alejan tímida y silenciosamente, queriendo que nadie lo note. En ocasiones se comportan como si todo se hubiese vuelto doloroso. Si tu amigo extrovertido comienza a preferir estar solo, podría estar pensando en morir.

Todo cambio repentino en la conducta normal de tu amigo que continúe por días o semanas puede ser un indicio importante de que algo está mal. Las palabras importantes aquí son "cambios" y "repentinos". No estás buscando comportamientos que te molesten personalmente, sino conductas que sean diferentes de las habituales en tu amigo. Podría no agradarte que tu amigo sea un desordenado natural, que no puede levantarse antes del mediodía, pero esos hábitos no significan que tu amigo sea suicida. Sin embargo, presta mucha atención si ese desordenado dormilón repentinamente se convierte en un sujeto ordenado que ni siquiera puede cerrar sus ojos.

## Pérdidas significativas

Los jóvenes cuyos padres o hermanos mueren pueden sufrir lo suficiente como para desear estar muertos. Sus vidas diarias han cambiado por completo, y deben ajustarse no sólo a la pérdida de alguien a quien amaban, sino también al vacío que esa persona ha dejado en sus vidas. Algunos adolescentes no pueden imaginar vivir sin su madre o padre, sin su hermano o hermana.

Las pérdidas por muerte no son las únicas pérdidas mayores que pueden herir a tu amigo. Terminar con un novio o novia, o vivir el divorcio o separación de sus padres, también pueden doler lo suficiente como para hacer que algunos jóvenes quieran morir.

En ocasiones, los jóvenes no quieren seguir viviendo después de que una enfermedad o accidente los ha dejado físicamente incapacitados. Eric, un adolescente de Kansas con un futuro brillante como músico tuvo una infección que lo dejó sordo de un oído. Su familia pensó que Eric estaba tomando su problema bastante bien. Todos se sintieron complacidos cuando se inscribió en un campamento musical de verano.

Una noche, cuando su familia dormía, Eric salió de su casa y se sentó en el medio de una oscura vía rápida. Cuando el chofer del camión vio a Eric, era demasiado tarde para frenar el vehículo. Eric estuvo entre los pocos adolescentes suicidas que dejó una nota. Una a sus padres, explicando que no podía enfrentar la vida sin su oído; la otra carta fue para el conductor, diciéndole que no era su culpa.

Recuerda que todos sienten las pérdidas de manera diferente. Una pérdida que tú podrías creer que no es un motivo suficiente para morir, podría alterar la vida de tu amigo.

## Regalar posesiones atesoradas

Las personas que planean morir con frecuencia regalan las cosas que más les importan. Un amigo suicida podría regalar sus cintas y discos compactos favoritos, sus videos, pósters, un animal de peluche, una chamarra o sweater especial, una colección de tarjetas de béisbol, y hasta cosas más costosas como el estéreo, la bicicleta o un equipo deportivo.

Los jóvenes pueden ser generosos, pero sospecha si no es una ocasión especial para dar regalos y los artículos son particularmente queridos para tu amigo. Mantente en alerta si el reparto está acompañado por palabras tales como "Ya no necesitaré esto" o "Quería que tuvieras algo para recordarme".

## Atando cabos

De la misma manera en la que los adolescentes regalan posesiones preciadas, muchos desean atar los cabos sueltos de sus vidas antes de morir. Los jóvenes que quieren "poner en orden sus cosas" podrían repentinamente pagar un préstamo, responder cartas postergadas por mucho tiempo, devolver algo que pidieron prestado, o limpiar sus recámaras, clósets, y cajones. Estas acciones no son sospechas por sí mismas. De hecho, cualquiera de ellas podría ser percibida como normal y responsable.

Sin embargo, combinado con otras señales de advertencia, este deseo repentino de ocuparse de tales detalles podría indicar que tu amigo no planea estar en el mundo por mucho más tiempo. Presta mucha atención si esta necesidad de poner en orden su vida incluye ideas sobre funerarias y ceremonias mortuorias, y el interés por la música, flores o ritos religiosos que serían apropiados para un funeral.

## Agresión, rebelión y desobediencia

A menudo, los adolescentes que quieren quitarse la vida están enojados con sus padres, maestros o amigos que los han herido o defraudado. Con frecuencia están enojados consigo mismos, y su ira se exterioriza en sus modos agresivos, rebeldes o desobedientes. Como otros cambios en la conducta, estos estallidos repentinos son sorprendentes e inusuales. También pueden alejar a otra gente —algo peligroso para un adolescente en problemas. Nadie quiere estar cerca de una persona grosera, ruda e impredecible, por lo que la conducta odiosa u hostil de tu amigo lo aísla de la gente misma que lo puede ayudar. El aislamiento pone a las personas suicidas en una posición solitaria y peligrosa.

Si te descubres evitando a un amigo porque repentinamente resulta difícil estar en su compañía, detente a pensar en lo que está pasando. ¿Exhibe tu amigo conductas agresivas o mal humor a menudo? ¿Es normal que sea grosero con sus padres, maestros y amigos? ¿Actúa generalmente de manera rebelde cuando algo no sale de la manera que quiere? ¿Puedes pensar en una buena razón por la cual tu amigo pudiera estar tan enojado? Si tu respuesta es "No" a la mayoría de las preguntas anteriores, entonces tu amigo podría estar pasando por una crisis suicida y estar clamando por ayuda.

## Conducta autodestructiva

Algunos adolescentes suicidas actúan como si estuvieran intentando lastimarse, o algo peor. Conducen alocadamente sus automóviles, bicicletas o motocicletas. Corren riesgos cuando caminan por calles muy concurridas o caminos escabrosos; o cuando cruzan los puentes o las vías del tren.

Algunos podrían comenzar a llevar una pistola. Tal vez la muestren tomándola en sus manos o apuntándola contra ellos mismos, afirmando que simplemente "se están divirtiendo" o "siendo divertidos".

Algunos jóvenes en riesgo de suicidarse dejan de cuidar sus cuerpos. Podrían comenzar a fumar o a beber en exceso; a lo mejor empiecen a consumir otro tipo de drogas; o podrían ingerir drogas y alcohol, todo al mismo tiempo.

Muchos adolescentes suicidas, en particular las jovencitas, podrían dejar de cuidar sus cuerpos al no comer. Aquellas que sufren de anorexia dejan de comer, o comen apenas lo suficiente como para seguir con vida. Aquellas que padecen bulimia podrían vomitar después de cada comida. Muchas personas piensan que estas jóvenes matan de hambre a sus cuerpos porque quieren poseer figuras perfectas. Muchos psicólogos y terapeutas ven a los desórdenes alimenticios como gritos de ayuda más que como maneras extremas de hacer dieta.

Cuando entró a la preparatoria, Sally era una buena estudiante, risueña y con muchos amigos. Sin embargo, antes de cumplir los dieciséis años de edad, escondía vodka en su casillero y lo bebía entre clase y clase. Luego comenzó a faltar a la escuela y a comer casi nada. En casa gritaba "¡Estoy tan gorda!" ante su espejo y se negaba a salir a la calle porque decía que estaba gorda y que se veía mal con toda su ropa. Semana tras semana, su cuerpo naturalmente menudo se volvió más y más huesudo.

Su madre confundida pensó que Sally "estaba pasando por una etapa". La consejera de la escuela estaba preocupada, pero no lograba hacer que Sally fuera a su oficina a hablar. Un día, cuando estaba sola en su casa, Sally se cortó las muñecas. Su madre la encontró a tiempo, pero la joven intentó suicidarse dos veces más antes de que la terapia intensiva revelara que era una sobreviviente del incesto. Beber y dejar de comer eran sus maneras de demostrar cuánto odiaba el cuerpo que había sido sexualmente abusado.

Si tu amigo generalmente cauteloso y responsable comienza a correr riesgos o a dañar su cuerpo, podrías tener un amigo que está pensando en el suicidio.

## Pérdida de la autoestima

En cualquier momento dado, un adolescente podría sentirse como el más feo, torpe y tonto de los alrededores. Pero estos sentimientos no duran para siempre. Algo bueno sucede, o los sentimientos simplemente desaparecen y la vida vuelve a la normalidad. La mayoría de los jóvenes tienen un fondo de autorrespeto y confianza en sí mismos que les ayuda a superar los tiempos malos y los cambios de estado de ánimo.

Es diferente en el caso de los adolescentes que han perdido su autoestima. Ellos literalmente parecen haber perdido algo. No se ven tan altos como solían ser. No miran directamente a los rostros de la gente. Tal vez se los oiga decir algo como "No puedo hacer nada bien" o "Soy tan estúpido" o "Nadie nunca querrá salir conmigo". Y cuando dicen estas cosas de veras parecen creerlas. No da la sensación de que las dijeran esperando que alguien los convenciera de lo contrario.

Los jóvenes con poca o ninguna autoestima a menudo se perciben como despreciables, sin importancia e imposibles de amar. Creen que no tienen cabida, que no pueden hacer nada bien y que no les importan a nadie. Podrían empezar a pensar que estarían mejor muertos.

### RECUERDA ESTAS SEÑALES DE ADVERTENCIA

Si alguien que conoces...

- amenaza con suicidarse;
- muestra cambios repentinos de conducta;
- ha sufrido una pérdida significativa recientemente;
- comienza a regalar posesiones atesoradas;
- ata cabos sueltos
- se vuelve agresivo, rebelde y/o desobediente;
- corre riesgos o se vuelve autodestructivo, o
- parece haber perdido su autoestima,

...él o ella podría estar pensando en el suicidio.

En la Parte Dos de este libro, aprenderás cómo acercarte a un amigo que muestra señales de estar en problemas.

Una de estas señales de advertencia, por sí misma, podría simplemente querer decir que la persona está pasando por una crisis momentánea. Pero cuantas más señales de advertencia exhiba una persona, más probable es que el joven sea suicida y necesite de tu cuidado y amistad.

# 4

# ¿Quién está en riesgo?

Mientras que no podemos señalar tipos específicos de personas que sean suicidas, sabemos que algunos jóvenes corren un riesgo mayor de suicidio a causa de situaciones o problemas particulares a los que se enfrentan. Aquellos adolescentes que corren un mayor riesgo de suicidio son los que:

- están deprimidos;
- tienen problemas de alcohol u otras drogas;
- son homosexuales;
- han intentado suicidarse antes, o provienen de hogares en los que alguien se ha suicidado;
- son talentosos o dotados;
- tienen problemas de aprendizaje;
- están embarazadas, o

- han sufrido, o sufren, de abuso emocional o sexual.

Enfrentar una o más de las anteriores situaciones o problemas no significa automáticamente que alguien corra un riesgo más alto de suicidarse. Sin embargo, ciertamente hace que la vida sea más estresante. Una persona joven bajo presión de hasta una de las anteriores situaciones o problemas podría no tener la energía emocional, mental o física para dedicarle a ninguna otra preocupación que pudiera presentarse. El suicidio podría parecer la única salida.

El padrastro de Michael corrió de su casa al joven de sólo quince años de edad cuando se enteró de que era gay. Para cuando Michael llegó a Covenant House, un albergue para jóvenes desamparados, él ya se había prostituido y era adicto a las drogas. Con la ayuda del personal del albergue, y con su propio trabajo duro, Michael se convirtió en un adicto en recuperación. También comenzó a sentirse bien respecto a quién era y sobre su futuro.

El día que iba a salir de Covenant House, Michael se cortó las venas. Luego dijo a sus amigos que tenía miedo de fracasar en su nueva vida y defraudarlos a todos. Michael había luchado con sus preferencias sexuales, su adicción y su desamparo. El miedo de fracasar resultó ser más presión de la que pudo soportar. Su intento de suicidio fue un grito de ayuda para manejar su dosis extra de estrés.[1]

También debes saber que ciertos grupos de jóvenes parecen ser menos propensos a suicidarse que otros. Por ejemplo, los adolescentes afro-estadounidenses tienen un porcentaje bajo de suicidios, y las mujeres afro-estadounidenses tienen un promedio más bajo de suicidios que cualquier otro grupo étnico o racial de Estados Unidos.[2] Sin embargo, esto no quiere decir

1. McGrady, Mary Rose, *God's Lost Children: The Shocking Story of America's Homeless Kids*. Nueva York: Covenant House, 1991.
2. National Center for Health Statistics, *NCHS Monthly Vital Statistics Report* 41 (7, Suplemento) 1990.

que los afro-estadounidenses, hombres o mujeres, nunca se suiciden. La raza y el género no son garantías de que un amigo no esté en riesgo de suicidarse.

Cuando conoces las señales de advertencia del suicidio, cuando sabes qué grupos corren más riesgo que otros, tú estás en posibilidades de decidir, a nivel amigo por amigo, quién podría necesitar un poco de atención, cuidado y comprensión extra. Este conocimiento también puede ayudarte a determinar quién entre tus amigos podría necesitar que le busques ayuda cuando se encuentre en peligro de cometer suicidio.

## Los jóvenes que están deprimidos

Estar deprimido y ser suicida no es lo mismo. Es posible estar deprimido y nunca ni siquiera pensar en el suicidio. La depresión, sin embargo, parece ser la emoción más común sentida por los adolescentes suicidas. Frecuentemente, sus sentimientos de tristeza y desesperación parecen estar conectados con algo que los perturba justo antes de deprimirse.

La mayoría de los jóvenes se siente triste o afligida de tiempo en tiempo. Los cambios de estado de ánimo en las vidas de los adolescentes suelen durar sólo uno o dos días. La depresión situacional está directamente conectada a algo que ha sucedido o está sucediendo en sus vidas: mal desempeño escolar, terminar la relación con el novio o novia, discutir con los padres, perder un empleo. Los adolescentes que pasan por una o más de las situaciones anteriores se sienten deprimidos, y sus sentimientos bloquean su habilidad de ver soluciones razonables para sus problemas.

La depresión puede inclinar a los jóvenes a intentar suicidarse porque los adolescentes que están deprimidos a menudo creen que sus problemas y tristeza jamás terminarán. Piensan que son desafortunados, que sus vidas nunca mejorarán, y que no hay nada que puedan hacer al respecto. Creen que la vida que están viviendo es la vida que vivirán siempre. A menudo estos sentimientos de desesperanza los hacen recurrir al suicidio como salida.

Los jóvenes que están deprimidos tienen poca o nada de energía e interés en la gente o vida que los rodea. Dejan de hablarle a otras personas y de hacer las cosas que han hecho interesantes sus vidas. Parecen tristes y deprimidos, duermen mucho y a menudo hablan con voces bajas y cansadas. Actúan como si todo resultase un enorme esfuerzo. Por lo general están solos. Caen en un ciclo melancólico que sigue un patrón de depresión, aislamiento, tristeza y más depresión. Cuanto más dura este ciclo, mayor es el riesgo de que intenten acabar con su tristeza y soledad poniendo fin a sus vidas.

Si alguien a quien conoces suena y actúa deprimido, simplemente podría necesitar de un amigo que lo alegre y lo obligue a hacer cosas de nuevo. Podría necesitar un poco más de tu atención mientras se restablece de un corazón roto o deja de sentirse mal por haber perdido su empleo. Si comienza a comunicar otras señales de advertencia suicida, o si también pertenece a otro grupo de alto riesgo, podría necesitar más que ser alegrado. Tal vez requiera de un amigo que lo ayude a encontrar terapia y el sistema de apoyo que necesita.

## Adolescentes que tienen problemas de alcohol y otras drogas

El alcohol y otras drogas pueden afectar a los adolescentes perturbados de tres maneras:

1. *Si alguien no tiene un problema de alcohol o de drogas, pero se encuentra lo suficientemente triste como para estar contemplando el suicidio, estas sustancias pueden nublar el buen juicio de una persona y predisponerla más a correr riesgos.*
2. *Si alguien abusa rutinariamente del alcohol u otras drogas, estas sustancias pueden promover la depresión y los pensamientos suicidas.*

3. *Si los padres de alguien son alcohólicos o adictos a las drogas, el hecho de que la familia se esté desintegrando puede causar el dolor suficiente como para que la persona quiera cometer suicidio.*

Alrededor de un tercio de los jóvenes que se suicidan están bajo la influencia de alguna droga.[3] Con mucha frecuencia, la droga es el alcohol, y generalmente estos adolescentes han estado bebiendo cerveza, porque es barata y fácil de conseguir. Probablemente no piensan en la cerveza como una bebida letal, pero si ayuda a un amigo a decidirse a morir, ésta puede ser tan mortífera como un arma de fuego.

La mayoría de los jóvenes que cometen suicidio mientras se encuentran bajo la influencia de químicos no son adictos a las drogas o al alcohol. Simplemente han decidido alterar su estado o embriagarse porque se sienten mal. Las drogas o el alcohol afectan la parte del cerebro que los ayuda a pensar con claridad.

¿Alguna vez has visto a tus amigos drogarse o embriagarse? Piensa en las cosas que hicieron y dijeron. ¿Se comportaban normalmente? ¿Hablaban y actuaban como lo hacen en la escuela o cuando van a tu casa a cenar o salen juntos? Lo más probable es que tus amigos ebrios o drogados actuaran descontroladamente. Los adolescentes suicidas, cuyos cerebros se nublan con las drogas o el alcohol, encuentran más fácil tomar la decisión de quitarse la vida.. Ya se sienten tristes, y las drogas y el alcohol ayudan a que el suicidio parezca la única manera de detener el dolor. Esos químicos también hacen que se sientan más valientes y que estén más dispuestos a correr riesgos que cuando están sobrios.

Las drogas y el alcohol también juegan un papel importante en las vidas de los adolescentes suicidas cuyos padres abusan de sustancias o son adictos a las mismas. Estos jóvenes

---

3. Patros, P. G. y Shamoo, T. K., *Depression and Suicide in Children and Adolescents: Prevention, Intervention and Postvention*, Needham Heights, MA: Allyn and Bacon, Inc., 1989.

podrían no consumir drogas o alcohol, pero sus vidas están llenas de dolor porque sus familias se están desintegrando.

Algunos expertos en suicidio piensan que la mayoría de los adolescentes que han cometido suicidio o que podrían cometerlo están afectados, de alguna manera, por el alcohol u otras drogas. Cuentan aquellos que se embriagaron o drogaron justo antes de morir, los que eran adictos y los que tenían padres adictos. Juntos, estos grupos suman el setenta y cinco por ciento de los jóvenes que han cometido suicidio.[4]

Son altas las probabilidades de que si tienes amigos que beben alcohol y consumen drogas, pero que no están en riesgo de cometer suicidio, las drogas que usan nublen su juicio y los hagan correr riesgos que no pensarían en correr cuando están sobrios o libres de drogas. Podrían conducir sus automóviles de manera irresponsable, tomar y manejar mal un arma de fuego, o aceptar desafíos peligrosos. El alcohol u otras drogas podrían ayudarlos a decidir cosas que podrían dañarlos o matarlos.

De acuerdo a las cifras distribuidas por el Prevention Center of Boulder, Colorado, la causa número uno de muerte entre los jóvenes estadounidenses de entre quince y veinticuatro años de edad son los accidentes automovilísticos. Se ha encontrado que el alcohol o las drogas han estado relacionados con alrededor de la mitad de estos choques.

No es sorprendente que los adolescentes bajo los efectos de las drogas o el alcohol se encuentren en uno de los grupos de más alto riesgo tanto para el suicidio como para los accidentes.

4. Patros y Shamoo.

## Adolescentes que son gay, lesbianas o que se están cuestionando su orientación sexual

Los investigadores que estudian a los jóvenes homosexuales y al suicidio estiman que alrededor de un tercio de los jóvenes que intentan o cometen el suicidio son gays o lesbianas.[5] Se han realizado muchos estudios sobre la homosexualidad y las cifras de personas que son gays o lesbianas en Estados Unidos. Los números varían dependiendo de los reportes, pero los expertos creen que alrededor del diez por ciento de la gente que vive en Estados Unidos es homosexual.

Si las personas gays suman sólo una décima parte de la población y los adolescentes gays representan a alrededor de un tercio de aquellos que intentan o cometen el suicidio, entonces los jóvenes gays y lesbianas forman un número inusualmente alto del total de los adolescentes suicidas.

Ser un adolescente puede sacar a los jóvenes de equilibrio. Los cambios físicos que vienen con el crecimiento pueden ser confusos y avergonzantes. Junto con estos cambios físicos llegan las emociones cambiantes. Los adolescentes ansían enamorarse y estar cerca de las personas que aman. Sufren cuando son rechazados. Un día su amor los sume en el éxtasis, y al siguiente los pone tristes.

Enamorarse, hacer el amor y sentirse desesperadamente atraídos hacia alguien puede ser difícil para cualquiera —jo-

5. Bender, David L., y Leone, Bruno, editores de series, *Suicide: Opposing Viewpoints*, San Diego: Greenhaven Press, 1992. Vea "Society's Rejection of Homosexual Teens Causes Suicide" comenzando en la página 100. Ese capítulo es la adaptación de un artículo originalmente publicado en el reporte de la Alcohol, Drug abuse, and Mental Health Administration, *Report of the Secretary's Task Force on Youth Suicide, volumen 3: Prevention and Intervention in Youth Suicide*, por Paul Gibson (Washington, DC: US Government Printing Office, 1989).

ven o viejo, hombre o mujer, gay o heterosexual. En las personas heterosexuales, esta amplia gama de sentimientos son considerados normales. Al menos, eso es lo que dice la sociedad. Sin embargo, para las personas homosexuales, el mensaje abrumador es que su clase de amor es enfermo, pervertido, desagradable, pecaminoso y, en algunos lugares, en contra de la ley. Mientras que las parejas heterosexuales sienten que tienen todo el derecho de caminar abrazados, las parejas gay deben esforzarse mucho por no tocarse nunca, por no revelar jamás lo que sienten y quiénes son.

Los gays o lesbianas que mantienen en secreto su orientación sexual temen perder su empleo o su lugar en el equipo, el grupo de porristas o el consejo estudiantil, si alguien descubre que son gays. Viven con el estrés diario de que, si son descubiertos, serán rechazados por su familia, sus amigos y sus maestros.

Algunos adolescentes gays o lesbianas son abiertos sobre su orientación sexual. Tal vez no sientan el estrés cotidiano de guardar el secreto, pero sí viven continuamente con la posibilidad de que alguien los rechace por ser gays, o de sufrir abusos verbales o ser físicamente dañados.

Algunos jóvenes no están seguros de si son gays, heterosexuales o bisexuales. Podrían tener algunas preguntas sobre su orientación sexual. Podrían preguntarse si son gays porque no salen con nadie, y podrían preocuparse porque no tienen una pareja fija cuando todos los demás la tienen.

Otros jóvenes son el centro de los chistes o los apodos porque se ven o actúan de manera diferente a los demás adolescentes, o por tener intereses distintos. Las jóvenes que son buenas atletas podrían ser llamadas "marimachos". Los jóvenes que disfrutan de actividades tales como las lecciones de actuación o de baile podrían ser llamados "mariquitas". Estas burlas verbales hacen que los adolescentes se sientan avergonzados. Podrían preocuparse de que si son gays siempre se sentirán diferentes, y de que su vida siempre será dolorosa. Estos jóvenes podrían, de hecho, no ser gays, pero podrían sentir las presiones que conlleva el ser percibidos como diferentes.

Si tienes un amigo que está siendo calificado como diferente y que es atacado por ser gay, tu amigo necesitará de tu apoyo —sea gay o simplemente esté preocupado o preguntándose si lo es.

Los años de la adolescencia son difíciles para todos los jóvenes, pero para la juventud gay los problemas se combinan con el aislamiento, el rechazo, el miedo y, a menudo, con el odio hacia uno mismo. Si tienes un amigo gay, recuerda que el simple hecho de ser gay en una sociedad en la cual la homosexualidad no es aceptada puede aumentar mucho su nivel general de estrés. Este estrés extra puede llevar a pensamientos de suicidio.

## Adolescentes que han intentado suicidarse antes, o que provienen de hogares en los que alguien ha cometido un suicidio

La mayoría de los jóvenes son suicidas sólo una vez en sus vidas,[6] pero un número bajo de ellos volverán a intentar suicidarse. Lo más probable es que vuelvan a intentarlo alrededor de tres meses después de su intento previo.[7] Mantente especialmente alerta y atento cuando un amigo se acerque a su aniversario de tres meses.

Los adolescentes en este grupo de alto riesgo siguen estando en peligro por alrededor de un año. Durante este tiempo, necesitan saber que cuentan con alguien o algo aparte del suicidio a quien recurrir cuando sus vidas se vuelven difíciles.

6. Miller, M., *Training Workshop Manual.* San Diego: Suicide Information Center, 1983.
7. Rosenthal, H., *Not With My Life I Don't.* Muncie, IN: Accelerated Development, Inc., 1988.

Los jóvenes provenientes de hogares en los que alguien ha cometido un suicidio también están en riesgo de intentar suicidarse. Sienten vacío, sufrimiento, tristeza, ira, dolor y, a menudo, culpa por el suicidio del miembro de su familia. Estos sentimientos pueden volverse tan abrumadores como para que los adolescentes comiencen a pensar que simplemente no pueden seguir viviendo. El miembro de la familia que se suicidó ya les ha dado la idea de que quitarse la vida es una manera de solucionar los problemas. Por lo tanto, no es sorprendente que los sobrevivientes vean al suicidio como a una manera aceptable de terminar con su propio sufrimiento.

Si tienes un amigo que ha perdido a un miembro de su familia a causa de un suicidio durante el último año, debes prestarle especial atención. Mantente atento a las señales de alerta y tómate un tiempo para ser un buen escucha. Aprenderás cómo en el Capítulo 6.

## Jóvenes dotados o talentosos

Tal vez te resulte difícil creer que tus amigos inteligentes y talentosos tengan un grupo especial de problemas que los pone en riesgo de suicidio. De hecho, los adolescentes dotados o talentosos a menudo sienten una presión enorme de ser perfectos en todo momento y en todas las áreas de sus vidas. Muchos de ellos llegan a creer que son amados y admirados no por ellos mismos, sino simplemente por los honores, calificaciones y premios que reciben y las habilidades especiales que tienen. Una mala calificación en un examen, una beca perdida, un segundo lugar en una competencia deportiva, o alguna otra "prueba" de que son menos que perfectos puede hacerlos sentir que han defraudado a todo el mundo, incluyéndose a sí mismos. La vergüenza y la culpa del "fracaso" puede llevarlos al suicidio.

Los jóvenes dotados en algunas o muchas cosas tienden a ser meticulosos y planeadores cuidadosos. Piensan las cosas profunda y obsesivamente. Creen que cada decisión que toman sobre su futuro debe ser perfecta. Una vez que han tomado una decisión, es probable que crean que es la única correcta para ellos. Les resulta difícil o imposible aceptar la idea de que han cometido un error o de que deberían probar otra cosa.

Esta planeación cuidadosa y con pocas opciones puede ser peligrosa, especialmente cuando involucra la decisión de un suicidio. Los adolescentes dotados o talentosos pueden tomar la determinación de suicidarse simplemente porque han decidido hacerlo y no pueden ver ninguna otra alternativa.

## Adolescentes con problemas de aprendizaje

Los jóvenes que tienen dificultades para aprender y a quienes les va mal en la escuela, a menudo sufren de baja autoestima y depresión. Ambos sentimientos juegan un papel importante en los suicidios adolescentes. De hecho, un estudio sobre adolescentes suicidas realizado en Los Angeles descubrió que la mitad de los jóvenes que se habían quitado la vida tenían problemas de aprendizaje, o PA.[8]

Tal vez tengas amigos a los que se les ha detectado un problema de aprendizaje. A lo mejor te han dicho que tú tienes tal problema. Preferimos ver a los jóvenes con problemas de aprendizaje como personas con una diferencia de aprendizaje, y no con un problema. Ellos tienen que utilizar métodos de aprendizaje diferentes a fin de poder terminar sus estudios o para lograr dominar habilidades nuevas.

Debido a que estos jóvenes se enfrentan a desafíos especiales, y a menudo difíciles, en el salón de clases, ellos se en-

8. Berkovitz, I. H., "The Role of Schools in Child, Adolescent, and Youth Suicide Prevention" en M. L. Peck, N. L. Farberow y R. E. Litman (editores), *Youth Suicide*. Nueva York: Springer, 1985.

cuentran bajo una dosis extra de estrés para terminar su trabajo. Los comentarios malvados de otros adolescentes o adultos pueden acabar con su autoestima y ayudarlos a creer que son tontos y que nunca tendrán éxito en nada.

Vivir con un problema de aprendizaje y sus dificultades aumenta la presión que siente la mayoría de los jóvenes de desempeñarse bien en la escuela y de agradar a sus amigos y maestros. Esta dosis extra de presión podría hacer que el joven se sienta lo suficientemente triste como para considerar el suicidio.

## Adolescentes que están embarazadas

Cada vez son más los jóvenes sexualmente activos, y la mayoría de ellos no utiliza ningún método anticonceptivo o de control de la natalidad. Por lo tanto, no es sorprendente que sean más las jóvenes que se embarazan a una edad cada vez más temprana. Muchas de ellas se aterrorizan cuando sospechan o descubren que están embarazadas.

La mayoría de ellas teme al rechazo y la ira de sus padres. Muchas se sienten avergonzadas. ¿Qué les dirán a sus maestros y amigos? ¿Qué les dirán a sus novios? ¿Las abandonarán sus novios? ¿Qué pasará con sus planes de universidad o carrera?

Las decisiones a las que se tienen que enfrentar a causa de su embarazo —adopción, aborto, maternidad— también son complejas. Una joven podría sentir que no sabe cómo hacer la elección correcta. Podría temer que sus padres, o su novio, la obliguen a tomar una decisión que no desea tomar.

Muchas adolescentes ven al embarazo como a un problema sin solución. Se dan cuenta de que el embarazo simplemente no desaparecerá, y creen que sus relaciones con sus padres y novios quedarán arruinadas para siempre. Sienten como si sus vidas estuviesen fuera de control, y podrían pensar que la muerte es la única elección que tienen.

La noche del juego de fútbol de la preparatoria, Kim les dijo a sus padres que fueran al juego sin ella. Explicó que tenía que hacer algo antes y que llegaría al partido con tiempo de sobra para unirse a su equipo de porristas. Sus padres se preocuparon cuando Kim no entró al campo de fútbol para la porra inicial. Regresaron a casa y encontraron a su hija muerta a causa de una herida de bala. El reporte de la autopsia les dijo algo que no sabían: Kim estaba embarazada. Luego sus padres se enteraron de que Kim había compartido su secreto con dos personas: una maestra y su novio.

Si alguien que conoces te dice que está embarazada, ofrécele acompañarla a pedirle consejo a algún adulto en quien ella confíe. Es de suma importancia que no se sienta abandonada en este momento difícil de su vida. Debe creer que tiene opciones y que puede tomar la decisión correcta sobre su futuro.

Si tu novia te dice que el hijo que espera es tuyo, tú también te enfrentas a algunas responsabilidades importantes. Primero, tu novia necesitará de tu apoyo. Tú eres la única otra persona responsable de su embarazo, y probablemente ella querrá hablar contigo sobre lo que siente. Podría necesitar decirte lo asustada que se siente a causa de las decisiones que tiene que tomar y por su futuro.

Su embarazo probablemente te sorprenderá. Lo más probable es que tú no estés preparado para ser padre. Probablemente ustedes no habían planeado tener que hablar con sus padres de un embarazo adolescente. Tal vez te preocupe la manera en la que este embarazo afectará tu futuro. Podrías sentirte avergonzado, culpable o atrapado, obligado a tomar decisiones a las que no habías planeado enfrentarte. Igual que tu novia, necesitas encontrar a un adulto en el que confíes, alguien que te pueda ayudar a elaborar tus pensamientos y sentimientos.

Tanto las jóvenes como los jóvenes necesitan saber que pueden contar con sus amigos durante una crisis de embarazo. Si sabes o sospechas que un amigo o amiga podría estar enfrentándose a un embarazo, hazle saber que te encuentras allí para escucharlo y para buscar a un adulto que pueda ayudar.

## Adolescentes que sufren abusos

A no ser que alguien te cuente que está siendo física, sexual o emocionalmente abusado en su casa, o en otra parte, podría resultarte casi imposible enterarte del abuso. Pero hay algunas señales que podrías buscar si sospechas que tu amigo está sufriendo un abuso.

Por ejemplo, podrías sospechar que un amigo está siendo abusado físicamente si vez golpes o cortes. Tu amigo podría no estar en posibilidades de dar una explicación sencilla a estas lesiones. A lo mejor da una explicación con demasiada facilidad, o mira hacia otro lado cuando habla del tema, o dice que no tiene ganas de hablar de las lesiones.

Te podrías preguntar si un amigo está sufriendo de abuso emocional si tiene poca o ninguna autoestima, o si escuchas una frase verbalmente abusiva entre tu amigo y sus padres. Los jóvenes emocionalmente abusados generalmente parecen tímidos o apocados, como si tuvieran miedo de llamar la atención. Los están haciendo sentir que no pueden hacer nada bien y que son demasiado tontos como para saber mucho de algo. Por lo tanto, a menudo son inseguros y dudan de hablar por sí mismos.

El abuso sexual es particularmente difícil de detectar porque depende de un profundo secreto. El abuso sexual confunde y asusta a los jóvenes y a menudo los hace sentir avergonzados y sucios. Muchos jóvenes mantienen el abuso sexual en secreto debido a que temen que nadie les crea. Algunos tienen miedo de que el abusador les haga daño o lastime a otros miembros de su familia. A otros les preocupa que si hablan del abuso la policía o el juez divida a la familia.

Cathy vivía en un hogar abusivo. Su padre golpeaba a su hermano con frecuencia y tuvo sexo con ella desde que era pequeña. Cathy sabía que lo que estaba pasando en su casa era malo, pero le preocupaba que su familia sufriera si ella revelaba su secreto. Había escuchado historias sobre padres que iban a la cárcel y niños que eran enviados a hogares adoptivos. Ella no quería que eso le sucediera a su familia. Decidió que si alguna vez iba a su casa un trabajador social o consejero escolar, mentiría y diría que nada malo estaba sucediendo.

No todos los jóvenes toman la decisión que tomó Cathy de mentir sobre el abuso, pero la mayoría teme perder a sus padres y su amor, o a destruir a la única familia que tienen. Se sienten atrapados. Aman a sus padres y dependen de ellos, aun cuando los padres sean los abusadores, pero también quieren que el dolor físico y emocional se detenga. Atrapados entre el abuso y el abusador, estos jóvenes se encuentran bajo un alto riesgo de cometer suicidio, porque la muerte podría parecerles su única salida.

Si sabes o sospechas que un amigo está siendo abusado, úrgelo a que le cuente su historia a un adulto comprensivo. Muchos maestros, consejeros, líderes de grupos juveniles y líderes religiosos, han sido capacitados especialmente para ayudar a los jóvenes que son víctimas del abuso. Si tu amigo está siendo abusado y se niega a contarle a un adulto lo que le sucede, entonces depende de ti. Debes acudir a un adulto en quien confíes y decirle lo que sabes sobre tu amigo.

Será difícil compartir el secreto de tu amigo. El podría enojarse porque traicionaste su confianza. Una vez que el abuso quede expuesto, la familia de tu amigo podría ser profundamente afectada. Podría estar involucrada la policía y tu amigo y su familia tendrán que responder a preguntas embarazosas.

Si te descubres preocupándote de que podrías causar mucho daño si revelas el secreto de tu amigo, recuerda que es mucho más dañino para él vivir sufriendo el abuso. Nadie debe ser abandonado en una situación abusiva. Los jóvenes que están atrapados en hogares abusivos cargan con el dolor de ser abusados durante toda su vida. Muchos de ellos a menudo intentan suicidarse, y una gran cantidad de ellos muere.

# Cuando el alto riesgo se convierte en riesgo inminente

Muchos jóvenes que pertenecen a grupos de alto riesgo pueden manejar su estrés mientras el resto de sus vidas permanezca en equilibrio. Es en el momento en el que otras cosas se vuelven demasiado difíciles de manejar que se vuelven suicidas.

Por ejemplo, digamos que tienes un amigo que es gay. Aun cuando pertenece a un grupo de alto riesgo para el suicidio, maneja el estrés extra de ser gay bastante bien. Tiene una buena actitud respecto a sí mismo y a su vida, sus padres lo aceptan y tiene algunos amigos. Sin embargo, sabe que muchas personas odian a los gays y que algunas tratan de hacerles daño. Sabe que su orientación sexual podría ser un problema cuando busque empleo o conozca a gente nueva. Así que su vida no está libre de estrés, pero está bien.

¿Pero qué pasa si muere alguien a quien quiere, sus padres se divorcian o su familia se muda a otra ciudad en su último año de preparatoria? Repentinamente, su vida se sale de equilibrio, y siente toda clase de presiones extras. Estos problemas personales pueden entristecer y estresar a cualquier persona joven. Para tu amigo, pueden hacer que la vida sea todavía más difícil.

Los adolescentes que pertenecen a grupos de alto riesgo de suicidio necesitan dos cosas de sus amigos. Primero, necesitan amigos que los acepten sin importar si están deprimidos, son gays, están embarazadas, son dotados, tienen problemas de aprendizaje o usan drogas. Segundo, necesitan amigos que puedan brindarles un poquito de atención extra cuando la vida se torna particularmente difícil. Si tienes amigos que pertenezcan a grupos de alto riesgo, puedes ayudarlos al permanecer en contacto cercano con ellos y al estar atento a los eventos de sus vidas. Tú puedes estar con ellos cuando más te necesiten.

# Segunda parte

# Cómo ser un preventor de suicidios

*Ahora tú conoces información importante sobre el suicidio. Sabes por qué un amigo podría pensar en el suicidio o intentar cometerlo. Cuentas con una lista de las señales de advertencia que envían las personas suicidas a sus amigos y familia, y tienes las descripciones de los grupos que son considerados como de alto riesgo para el suicidio.*

*Los siguientes cuatro capítulos de* Mi amigo habla de suicidarse *te explican cómo puedes ayudar en la batalla en contra del suicidio juvenil. Aprenderás qué hacer por un amigo que te dice, con palabras o acciones, que está pensando en suicidarse. Aprenderás la manera de cuidarte a ti mismo a fin de evitar pensamientos suicidas. Finalmente, aprenderás cómo involucrar a tu escuela y comunidad en la ayuda a la prevención del suicidio adolescente.*

## LO QUE NECESITAN LOS ADOLESCENTES SUICIDAS

- Alguien que hable con ellos abierta y honestamente.
- Alguien que escuche.
- Alguien que les brinde la ayuda que necesitan.

***Los adolescentes suicidas necesitan un amigo bondadoso.***

# 5

# Acércate

Un día, alguien a quien conoces actuará o hablará como un adolescente en problemas. Esta persona podría mostrar una o más de las señales de advertencia del suicidio, o unirse a un grupo de alto riesgo debido a algo que suceda en su vida. Esta persona podría ser un amigo cercano o alguien a quien apenas conoces. ¿Qué harás?

Sabemos que la gente se resiste a involucrarse en los problemas de otras personas. En lugar de acercarte a alguien que parece tener problemas, podrías pensar "Tiene a sus padres para hablar", o "Puede ir a ver al consejero escolar". Podrías decidir que estos adultos tienen que ser quienes averigüen qué le sucede y hacer algo al respecto.

Sería bueno que la mayoría de los jóvenes pudiera o quisiera hablar con sus padres u otros adultos cerca de ellos. La verdad es que no lo hacen. En encuesta tras encuesta, la mayoría de los jóvenes —alrededor del noventa por ciento— dijo que creía que sus padres no los comprendían. La mayoría de los jóvenes piensa que alguien de su propia edad escucha mejor que un adulto. De hecho, la mayoría de los jóvenes que intentan suicidarse o cometen suicidio le han contado sus planes a un amigo.[1]

En ocasiones los adolescentes son mejores escuchas que los padres. Saben cómo se siente ser un adolescente. Los padres podrían estar a la defensiva, sentirse incómodos o sentirse heridos al escuchar que su hijo o hija está teniendo problemas serios. A menudo no quieren escuchar que un hijo es lo suficientemente infeliz como para querer morir. Temen que hablar del suicidio signifique que hay algo malo en ellos o en la familia como todo. En lugar de estar dispuestos a observar los posibles problemas familiares, niegan que su hijo sea serio cuando habla de suicidarse. Les resulta muy difícil acercarse al joven a fin de averiguar qué es lo que anda mal o para intentar ayudar.

Los jóvenes como tú están en las primeras líneas en la guerra contra el suicidio adolescente. Tú te encuentras en esa posición porque la mayoría de los jóvenes confían en otros jóvenes más de lo que confían en los adultos. Te guste o no, podría ser tu trabajo ayudar a un amigo que está pensando en suicidarse.

¿Entonces qué debes hacer cuando notes que alguien a quien conoces parece perturbado? Lo primero que tendrías que hacer es hacer acopio de valor. Resulta difícil acercarse a un conocido casual e iniciar una conversación personal.

---

1. Allen, Nancy H. y Peck, Michael L., "Suicide and Young People", folleto preparado por la American Association of Suicidology en cooperación con Merck Sharp & Dohme, West Point, PA, 1975.

## Formula las preguntas correctas

¿Qué preguntas deberías formularle a alguien que parece perturbado? Las mismas que le harías a cualquiera que parezca cambiado o deprimido: "¿Qué te pasa?" "¿Por qué tan triste?" "¿Por qué estás evitando a todo el mundo?" "¿Por que no viniste a la fiesta de anoche?" "¿Te sientes bien?" "¿Has bajado mucho de peso?" "¿Has estado durmiendo bien?" Las anteriores preguntas demuestran una curiosidad normal e interés natural en otra persona. Dependiendo de tu amigo y de la situación particular, probablemente pensarás docenas de otras preguntas perfectamente adecuadas que puedes formular.

Tus preguntas e interés ayudarán a tu amigo a abrirse y a comenzar a hablar. Sin embargo, una vez que esto ocurra, podrías escuchar cosas atemorizantes y perturbadoras. Por ejemplo, tu amigo podría decir "Es que simplemente ya no quiero seguir viviendo" ¿Cómo responderás?

No te sorprendas si te escuchas diciendo o pensando algo como esto: "No digas eso, me asusta". Puede ser difícil escuchar los problemas de otra persona. En ocasiones nos sentimos avergonzados, en otras simplemente sentimos que no somos lo suficientemente inteligentes o listos como para ayudar. Como una manera de protegernos a nosotros mismos, decimos o hacemos algo que hace que la otra persona deje de hablar.

Cuando te acercas a personas que podrían estar pensando en suicidarse, tu meta es hacer que hablen por tanto tiempo como deseen hacerlo. No importa lo incómodo que te hagan sentir las palabras de tu amigo, lo que está sintiendo es todavía más incómodo para él. Tú puedes ayudar a aliviar su carga si lo alientas a hablar de sus problemas. Tu conversación honesta y tu escucha cuidadosa le comunicarán a tu amigo tres mensajes críticamente importantes:

1. *Te tomo en serio.*
2. *Me importas.*
3. *Quiero ayudar.*

Cuando tu amigo haga una o varias señales de advertencia de suicidio, también tienes que lograr que piense en, y responda, cuatro preguntas directas e importantes:

1. *¿Estás pensando en quitarte la vida?*
2. *¿Cómo planeas hacerlo?*
3. *¿Cuándo planeas hacerlo?*
4. *¿Dónde planeas hacerlo?*

¿Te impresiona lo directo de estas preguntas? Su brusquedad misma puede ser justo lo que hace falta para posibilitar que tu amigo comparta el secreto de que quiere quitarse la vida. Tu enfoque directo le dice a tu amigo que realmente estás tratando de comprender y que lo quieres ayudar.

Estas preguntas le darán permiso a tu amigo para hablar de sus pensamientos suicidas y de los problemas que se está debatiendo por resolver. Muchas personas se sorprenden al enterarse de que los suicidas son tremendamente honestos sobre sus planes. No son evasivas ni deshonestas cuando se les formulan preguntas directas. Muchos están felices de que se les pregunte, porque esto les demuestra que alguien las está tomando en serio. Creen que el que las escucha los comprende y que quiere involucrarse.

Por lo tanto, si le preguntas a un amigo suicida si planea quitarse la vida, las oportunidades de que te diga la verdad son excelentes. Sus respuestas te darán información importante sobre cuán peligroso es para sí mismo. Responder a tus preguntas directas también podría evitar que sus pensamientos suicidas se acumulen al punto en el que decida actuar espontáneamente de acuerdo a sus planes.

**HAZ QUE TU AMIGO HABLE**

- Hablar hace que el problema salga a la luz.
- Hablar alivia el estrés y la tensión.
- Hablar hace que ambos piensen en adónde pueden ir en busca de ayuda.

## El plan espontáneo

En ocasiones el suicidio es llamado "plan espontáneo". Podrías preguntarte ¿cómo puede un plan —algo que se piensa con anticipación— también ser espontáneo?

Piensa en un reloj despertador que marcha ruidosamente y que has programado para que suene a la medianoche. Escuchas por horas el "tic, tac, tic, tac". Hasta cuando duermes, escuchas subconscientemente el "tic, tac" mientras las manecillas avanzan hacia la medianoche...

*¡Rinnnnnnnnnnnng!* La alarma sacude el silencio de la noche y saltas despertando. Das un brinco aun cuando habías planeado que el despertador sonara a la medianoche. Tu salto fue una reacción espontánea a tu plan.

A medida que el dolor de la persona suicida crece, a medida que la vida se torna más incómoda y dolorosa, el suicida planea un escape. Pero el intento de suicidio en sí sucede espontáneamente, como tu salto cuando suena la alarma. En otras palabras, puedes planear algo y aun así reaccionar espontáneamente.

La mayoría de los jóvenes son suicidas sólo una vez en sus vidas, y son peligrosos para sí mismos solamente por entre veinticuatro y cuarenta y ocho horas. Cuando te acercas y le formulas a tu amigo esas preguntas directas, disminuyes las posibilidades de que actúe espontáneamente o reaccione a ese despertador suicida. Muchas personas suicidas que son detenidas antes de su intento de suicidio nunca vuelven a planear otro. Así que al acercarte a tu amigo, puedes salvar una vida.

## Evalúa el peligro

¿Y qué pasa si tu amigo responde que sí, que está planeando quitarse la vida? ¿Está en peligro inmediato? Eso depende de las respuestas que dé a las otras tres preguntas: ¿Cómo? ¿Dónde? ¿Cuándo? Antes de decidir si tu amigo realmente es peligroso para sí mismo, tienes que comprender cuán letal es su plan.

Un plan suicida es letal (probablemente provocará la muerte) si:

- el método escogido es generalmente fatal;
- el método está disponible, y
- tu amigo planea cometer el suicidio en un momento o lugar donde hay pocas oportunidades de rescate.

Los planes que dependen del uso de un arma de fuego, ahorcarse, saltar de un lugar alto, o de estrellar un automóvil son considerados más letales que aquellos que dependen de muñecas cortadas, envenenamiento por monóxido de carbono, o una sobredosis de drogas. Lo anterior no quiere decir que la gente no muera a causa de muñecas cortadas, gas o sobredosis de drogas; sí muere. Estos métodos se consideran menos letales sólo porque le dan más tiempo a la persona para arrepentirse y buscar ayuda. Si la persona es encontrada antes de morir, las posibilidades de que se pueda reparar el daño o revertir el peligro son mayores.

La gente puede morir instantáneamente de un disparo de bala, pero pueden hacer falta varias horas para que alguien muera de una sobredosis de drogas, de envenenamiento por monóxido de carbono o cortes de navaja. Se puede hacer un lavado de estómago, dar oxígeno y coser venas, si alguien encuentra a tiempo a la persona.

**LAS ARMAS DE FUEGO SON EL MÉTODO PRINCIPAL EN LAS MUERTES POR SUICIDIO.**

## Un plan letal

En respuesta a las otras tres preguntas sobre el suicidio, tu amigo te confía que planea dispararse en la cabeza. Te dice que sabe dónde guarda su padre la pistola. También te explica que planea suicidarse el viernes por la noche, después de que sus padres se vayan a una fiesta y antes de que regresen a casa, a las diez de la noche.

Ahora sabes que tu amigo planea dispararse en la cabeza, que tiene acceso a un arma de fuego y que tiene pensado jalar del gatillo cuando no haya nadie cerca que pueda convencerlo de que no lo haga o llevarlo al hospital.

Tu amigo acaba de compartir contigo un plan letal de suicidio. Si ésta fuese una situación real, no podrías dejarlo solo. Llamarías de inmediato a un adulto a fin de que éste notifique a los padres de tu amigo, se quede con él, saque el arma de la casa, o las tres cosas.

Tú no deberías ir, bajo ninguna circunstancia, a la casa de tu amigo el viernes a la noche e intentar quitarle el arma. Tu amigo probablemente no se volvería en tu contra, pero podrías resultar herido en la lucha por quitarle el arma.

Si no pudiste encontrar a un adulto, deberás marcar el número de emergencias de tu localidad, o marcarle a la operadora para que envíe ayuda.

En esta situación imaginaria, tu amigo estaría en verdadero peligro de suicidarse. Necesitaría ayuda inmediata.

## Un plan menos letal

Ahora imaginemos otra situación. Tu amigo te dice que planea saltar de un puente.

Saltar de un puente también es letal. Pocas personas sobreviven a un salto de esos, y no hay nada que puedan hacer los que pasan por el lugar para salvar a la persona una vez que ha saltado.

El plan de tu amigo suena letal, pero sabes que no hay puentes en tu ciudad. Así que sus oportunidades de morir al saltar de un puente son más remotas. Tendría que viajar una larga distancia para encontrar un puente y llevar a cabo su plan.

¿Significa eso que tu amigo está bromeando o que no debería ser tomado seriamente? No. Un deseo de morir siempre debe tomarse en serio. El plan de tu amigo de morir saltando de un puente significa que es suicida, pero no está en riesgo inmediato.

Todavía le dirías a un adulto sobre los planes de tu amigo, a fin de que alguien pudiera ayudarlo a solucionar los problemas que cree que sólo la muerte puede solucionar. Si continuara pensando en el suicidio podría acercarse más a elaborar un plan que de hecho causara su muerte.

## Ambivalencia

Te podrías preguntar por qué alguien podría forjar un plan que en realidad no tiene muchas posibilidades de causar su muerte. La verdad es que la mayoría de las personas suicidas siente que quiere morir y vivir al mismo tiempo. Esta ambivalencia genera confusión en sus mentes y hace que les resulte prácticamente imposible pensar con claridad.

¿Puedes recordar la primera vez que estuviste a punto de saltar de un trampolín, la primera vez que estuviste tras bambalinas esperando para tocar el piano ante una audiencia, o la primera vez que tuviste que ponerte de pie, pasar al frente y hablar ante toda una clase? Parte de ti quería zambullirse, interpretar esa pieza o dar esa disertación. Querías escuchar los aplausos, las ovaciones y los halagos.

Pero otra parte igualmente grande de ti no quería correr el riesgo. Tenías miedo y estabas nervioso. No sabías qué esperar o si podrías salir triunfante. Lo más probable es que hayas saltado del trampolín interpretado tu canción o dado la disertación. Probablemente, la verdadera bravura tuvo poco que ver con los motivos para que completaras la tarea. Sentías que tenías pocas opciones. Tus amigos estaban parados detrás de ti en la escalera riéndose y desafiándote a saltar, tus padres estaban mirándote sentados en el público, o tu maestro estaba esperando para calificarte con una "F" si no te parabas y abrías la boca. Probablemente pensaste "Tengo que superar este mal momento".

Tu amigo suicida está pensando en algo mucho más serio que si se zambulle o no en la alberca. El está tratando de decidir si morir o no. Aunque las dos decisiones son muy diferentes, tienen algo importante en común: el sentimiento de no tener elección, y el deseo de sólo superar ese mal momento.

## Pensamiento limitado

Las personas suicidas creen que no tienen más elección que la de quitarse la vida. Eso es lo que hace que los planes de suicidio sean tan peligrosos. A medida que la ansiedad de tu amigo crece, a medida que se siente cada vez más atrapado por los sentimientos dolorosos y los problemas, más comienza a ver sólo dos opciones: "Debo vivir con estos sentimientos terribles" o "Tengo que morir a fin de escapar de ellos". Tu amigo está experimentando el "pensamiento limitado". Ve solamente dos opciones: la vida o la muerte.

**LOS ADOLESCENTES QUE INTENTAN SUICIDARSE...**

- ven sus problemas como imposibles de solucionar,
- ven el suicidio como la única respuesta.

Imagina que estás caminando por una triste, solitaria y oscura calle y que entras en un túnel angosto, con curvas, y que es sólo lo suficientemente amplio como para que transite por él una persona a la vez. Tienes que atravesar el túnel a fin de llegar a un parque que se encuentra en el otro extremo. Cuanto más te internas en el túnel, más oscuro se vuelve, más estrecho se siente, tienes menos aire para respirar y más solitario y asustado te sientes. De pronto te sientes atrapado; crees que nunca llegarás al otro extremo del túnel. Todo lo que puedes ver es oscuridad, tanto frente a ti como a tus espaldas. Estás convencido de que te sofocarás. Quedas paralizado. En lugar de continuar avanzando detienes tu paso.

Ahora imagina que un amigo está parado al otro lado del túnel, el lado que desemboca en el parque. El está preocupado por ti porque te estás demorando mucho. Decide que debe entrar al túnel a buscarte. Cuando te encuentra dentro del túnel, te da la mano y comienza a jalarte hacia adelante.

Debido a que las curvas del túnel bloquean la luz que hay más adelante, éste parece ser oscuro e interminable, y temes seguir a tu amigo en la oscuridad. Parte de ti se resiste a su empuje, pero otra parte está feliz de que te esté agarrando fuerte de la mano. Una parte de ti quiere creer que tu amigo te rescatará y te guiará a la luz.

¡Pop! Te guía hasta el parque y nuevamente a la cálida y brillante luz del día. Cuando miras por encima de tu hombro, ves que el escalofriante túnel que creías que era interminable, en realidad era de menos de una cuadra de longitud. Respiras profundamente y le das la espalda con un profundo suspiro de alivio. Observas el rostro sonriente de tu amigo y te sientes a salvo. Entran juntos al parque.

Las personas suicidas no creen que puedan llegar al otro lado del túnel. La vida se ha vuelto excesivamente deprimente y demasiado intolerable. Hablar de las cosas con un consejero, enfrentar a sus padres, rebelar secretos de abuso sexual, aceptar su homosexualidad, aprender a vivir sin un ser amado; nada de todo ello parece posible.

Los suicidas viven en el presente: "Estoy atrapado ahora. Estoy atemorizado ahora. Sufro ahora". Sus limitadas imaginaciones no pueden transportarlos al día de mañana, o a la semana que viene, y mucho menos al mes o al año próximos.

El tiempo hace que las cosas dolorosas duelan menos. Con el tiempo, los problemas pueden solucionarse, pero los suicidas no pueden pensar en el tiempo. No les resulta posible imaginar que existe un parque a tan sólo unos pocos pasos de la salida del túnel. Necesitan de un amigo que les tienda la mano y los empuje hasta la luz del sol.

## COSAS PARA PENSAR Y HACER

1. ¿Cómo reaccionas cuando alguien te cuenta algo personal? ¿Te sientes apenado? ¿Curioso? ¿Quieres escuchar más?
2. ¿Cuándo fue la última vez que le contaste a un amigo algo difícil de compartir? ¿Por qué te resultó difícil contarle eso a tu amigo? ¿Qué hizo o dijo tu amigo que hiciera que te resultase más fácil o difícil hablar de lo que pensabas?
3. Trata de recordar la última vez que sentiste que querías escapar de algo desagradable. ¿De qué querías escapar? ¿Por qué? ¿Qué fue lo que te ayudó a superar el desagrado?
4. A menudo es más fácil solucionar algo difícil o extraño si lo practicas unas pocas veces. Pide a un amigo que imagine estar planeando escaparse de su casa y la manera en la que piensa hacerlo. Luego practica el formularle las siguientes cuatro preguntas:
   - ¿Estás pensando en escapar?
   - ¿Cómo planeas hacerlo?
   - ¿Cuándo planeas hacerlo?
   - ¿Adónde planeas ir?

Considera cuán probable es que tu amigo realmente se escape de casa. Luego evalúa los riesgos de su plan.

# 6

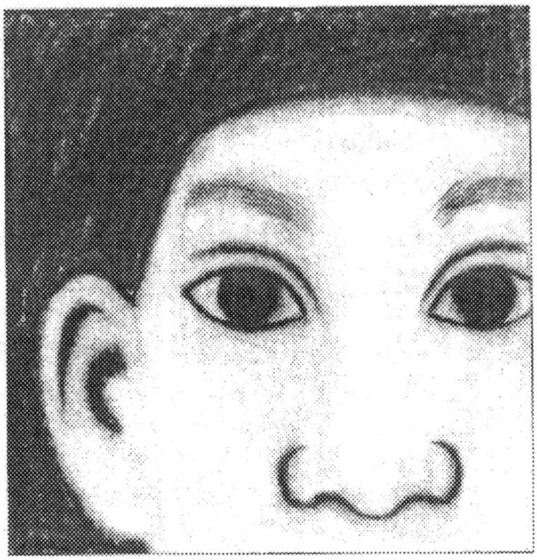

# Escucha

La ayuda comienza cuando alguien escucha, así que ser un buen escucha es una parte importante de ayudar a un amigo a superar una crisis suicida. Cuando eres buen escucha tú:

- ayudas a tu amigo a hablar de sus pensamientos suicidas;
- dejas que tu amigo sepa que te importa, y
- ayudas a tu amigo a sentir que no está solo.

Ser un buen escucha no quiere decir que tú:

- debas resolver los problemas de tu amigo;
- seas responsable de decir lo único correcto, o
- que debas hacer que todo esté bien de nuevo en la vida de tu amigo.

Sabemos que es difícil ser un buen escucha, pero tenemos confianza en tu habilidad para intentar escuchar y aprender a hacerlo bien. Sabemos que has pasado por muchas experiencias con personas que te han escuchado a ti. También has tenido experiencia con aquellos que sólo fingieron escuchar, y con otros que simplemente no escucharon. Recordar esas experiencias te ayudará a mejorar tus propias habilidades para escuchar.

También creemos que esta difícil tarea de escuchar se basa en el sentido común, la práctica y el simplemente ser uno mismo. Sabemos que no necesitas ser un adulto o tener un título universitario para trabajar con las ideas y habilidades básicas del arte de escuchar. Todo lo que necesitas es la disposición a probar.

## Sé un escucha activo

La clave para ser un buen escucha es ser un escucha activo. Un escucha activo hace mucho más que solamente escuchar a alguien hablar, *presta atención* a lo que se está diciendo.

Cuando *escuchas* música, por ejemplo, el sonido simplemente viaja a tus oídos. Pero cuando prestas atención la música, la letra, la melodía y el ritmo realmente se conectan contigo. El sonido no sólo viaja hasta tus oídos, sino que también te hace sentir algo. Toca tu mente y tu corazón.

Cuando eres un escucha activo, dejas que las palabras de tu amigo se conviertan en la letra que toca tu mente y tu corazón. "Te metes" en las palabras, emociones y conductas de tu amigo, de la misma manera en la que a veces "te metes" en una canción.

Hay dos habilidades que te ayudarán a ser un escucha activo:

- tener empatía, y
- ser un detective de palabras.

Desarrollar estas dos habilidades te convertirá en la clase de escucha que necesita un amigo en problemas.

## Ten empatía

Cuando escuchas a un amigo que sufre, trata de imaginar lo que debe estar sintiendo. Cuando intentas sentir lo que siente otra persona muestras empatía. La empatía es la habilidad de sentir lo que siente otra persona, como si esos sentimientos fuesen propios. Es como si te metieras en la piel de la otra persona, tratando de comprender cómo podría pensar y sentir.

Imagina que tienes un amigo llamado Tom que tiene el corazón roto porque su abuela acaba de morir. Puedes ver que Tom está triste, pero realmente no puedes meterte en sus zapatos. Tus dos abuelas fallecieron cuando todavía eras un bebé, así que nunca tuviste una conexión especial con una abuela. Pero Tom la tenía. Cuando lo escuchas hablar de su abuela te resulta posible comenzar a comprender sus sentimientos por ella: "La voy a extrañar tanto. Ella siempre me hacía reír, hasta cuando ninguna otra persona podía lograrlo. Para ella, yo siempre era alguien especial".

Si buscas en lo profundo de ti mismo, podrás recordar lo que se siente extrañar a alguien. Sabes lo divertido que es pasar momentos especiales con una persona y que ésta te trate como a alguien especial. Podrás imaginarte qué se sentiría al perder esos momentos y amor especiales. Así que aun en el caso de que no hayas tenido la misma experiencia que Tom, puedes imaginar lo mal que te sentirías. Te resulta posible sentir empatía por Tom porque te metes en su piel y sientes su tristeza.

Los jóvenes que hablan de quitarse la vida necesitan de un escucha empático. Necesitan a alguien que intente imaginar lo que están sintiendo. Si escuchan comentarios como "Comprendo" o "Yo me sentí así" o "Debes estar atemorizado", no se sentirán tan solos con sus sentimientos. Pensarán: "Mi amigo realmente está tratando de comprenderme".

# Sé un detective de palabras

Un escucha activo es un detective en busca de pistas que le revelen cómo se siente un amigo. Como detective de palabras escucharás:

- lo que está diciendo tu amigo;
- lo que tu amigo no está diciendo, y
- lo que te dicen las palabras (dichas y no dichas) sobre los sentimientos de tu amigo.

## ¿Qué es lo que se está diciendo?

Un buen escucha presta atención a lo que se está diciendo. Sin embargo, en ocasiones eso no es tan fácil como parece.

¿Alguna vez has escuchado sólo en parte a un amigo? En lugar de prestar atención a cada palabra que decía, estabas ocupado pensando en lo que dirías a continuación. A lo mejor tu amigo comenzó a hacerte una pregunta y tú te apresuraste a responder antes de que hubiera terminado de hacerla. O tal vez tu amigo estaba tratando de hablar de un problema, pero tú ya estabas pensando en el consejo que le darías.

Cuando eres un detective de palabras, le prestas toda tu atención a lo que está diciendo tu amigo. No piensas en lo que vas a decir a continuación, o adónde irás el sábado con tus amigos, o cuánta tarea tienes que hacer en la noche, o por qué tu hermano menor es una molestia tan grande. Te concentras en tu amigo.

## ¿Qué es lo que no se está diciendo?

¿Alguna vez has pensado que un amigo no estaba diciéndolo todo? A lo mejor hablaba mucho pero se veía triste, y nada de lo que decía daba algún indicio del motivo de su tristeza. En ocasiones, la gente que está preocupada o desconcertada hablará de todo excepto de cómo se siente.

Imagina que tienes una amiga llamada Stephanie que anuncia que ella y su novio acaban de terminar. "Es un idiota" dice. "Iba a terminar con él de todas maneras. El solamente me ahorró el trabajo." Te cuenta todos los detalles de su última discusión. Hasta te platica la ropa que llevaba puesta, pero ni una vez te explica cómo se siente.

Tú sabes que Stephanie estaba realmente enamorada de su novio. Hablaba de él todo el tiempo, y lo hacían todo juntos. También sabes lo doloroso que es terminar con alguien. Así que aunque Stephanie no pueda contar que se siente herida y abandonada, tú puedes imaginarte que es así como se siente. Al leer entre líneas, sabes que probablemente necesita a un amigo.

## ¿Qué te dicen las palabras de los sentimientos de tu amigo?

Descubrir lo que te dicen las palabras de un amigo sobre sus sentimientos, probablemente es la habilidad más importante que puede tener un buen escucha. También es la más difícil de aprender. Mientras escuchas a Stephanie contarte sobre la ruptura con su novio, tienes que escuchar a los sentimientos que están detrás de las palabras que comparte. Tienes que "traducir" sus palabras en sentimientos.

> *Ella dice:* "Qué tiene que no le importe a nadie."
> *Traducción:* "Siento que nadie me ama."
>
> *Ella dice:* "Me voy a salir de esta escuela tonta."
> *Traducción:* "Siento que no pertenezco aquí."
>
> *Ella dice:* "No tengo ningún motivo para estar viva."
> *Traducción:* "Tal vez todo estaría mejor si me suicidara."

Un detective de palabras quiere "descifrar el código" de lo que está pensando y sintiendo un amigo alterado.

**INDICIOS FÍSICOS QUE SE DEBEN BUSCAR**

En ocasiones, los adolescentes suicidas dan indicios físicos de que están en peligro inmediato. *Busca ayuda rápido* si tu amigo:

- suena molesto o enojado;
- se ve agitado;
- tiene dificultades para permanecer sentado, o
- no se puede concentrar en lo que le estás diciendo.

Sabemos que la mayoría de las personas suenan molestas o enojadas de vez en cuando. También se ven agitadas y les resulta difícil permanecer sentadas o concentrarse. Estas conductas, por sí mismas, no son un indicio de pensamientos suicidas. Pero estos comportamientos deberían hacerte sospechar si:

- se inician sin ninguna razón aparente;
- suenan o se ven realmente intensos;
- duran por días, en ocasiones semanas, o
- se presentan en un momento en el que sabes, o tienes razones para creer, que tu amigo está bajo una gran cantidad de estrés.

## Sís y nos de escuchar activamente

Como escucha activo, quieres transmitirle a tu amigo tres mensajes importantes:

1. Estoy interesado en ti.

2. Me preocupo por ti.
3. Quiero ayudar.

Para comunicar estos mensajes, sigue estos consejos sencillos:

- SÍ encuentra un lugar tranquilo y privado para hablar. Tanto tu amigo como tú estarán más relajados y cómodos.
- SÍ siéntate al lado de tu amigo.
- SÍ inclínate hacia tu amigo.
- SÍ dirige tu rostro hacia el rostro de tu amigo.
- SÍ establece contacto ocular frecuente.

A fin de asegurarte de que tu mensaje llegue a destino, sigue estas sugerencias sencillas:

- NO critiques o juzgues a tu amigo. Trata de no decir cosas como "Siempre estás metido en alguna clase de crisis".
- NO evalúes los sentimientos y pensamientos de tu amigo. Trata de no decir cosas como: "Eso no me parece tan espantoso".
- NO te apresures a dar consejos demasiado rápido. Trata de no interrumpir con algo como "Yo creo que deberías..."
- NO caigas en clichés. Es natural querer tener respuestas rápidas a problemas complicados, pero un buen escucha se esfuerza mucho por evitar las frases comunes que muchas personas utilizan para convencer a otros de que sus problemas en realidad no son tan malos. Intenta no decir cosas tales como "Todo estará mejor en la mañana", "Consúltalo con la almohada, verás que te sentirás mejor", "Si crees que tú tienes problemas..." y "Todo tiene un lado amable".
- NO trates de arrancar a tu amigo de su plan de suicidio pidiéndole que se imagine lo mal que se sentirán sus padres si él muere, o lo mucho que llorará su novia. A los suicidas realmente les resulta imposible pensar en cómo se siente o se podría sentir otra persona. Todo lo que saben es cómo se sienten ellos. Pedirle a tu amigo que piense en los sentimientos de otras personas le comunica el mensaje de: "Me preocupa más la manera en la cual tu suicidio afectará a otras personas. No estoy tan preocupado por ti".

# Sé positivo

Tu amigo alterado necesita que seas un buen escucha. Necesita que tengas empatía y que seas un detective de palabras. Lo último que le hace falta es que seas tan negativo como él. ¿Cómo podría ayudarlo que digas: "Tienes razón, la escuela apesta, la vida apesta y todo apesta, ¿por qué querría alguien seguir vivo?"

Tienes que ser positivo pero sin hacer que los problemas de tu amigo parezcan triviales, tontos o equivocados. Una manera de ser positivo es recordarle a tu amigo las buenas cualidades que tiene o cuánto te preocupas e interesas en él.

*El dice:* "Soy un tonto. Nunca hago nada bien."
*Tú dices:* "No te olvides de lo buen baterista que eres."

*El dice:* "A nadie le interesa lo que pienso."
*Tú dices:* "Yo sí estoy interesado. Tienes muy buenas ideas."

*El dice:* "Soy un estúpido."
*Tú dices:* "Te sacaste una B en tu redacción la semana pasada."

No te sorprendas si tu amigo rechaza o no puede escuchar ninguno de tus comentarios positivos. ¿Recuerdas la fórmula del Capítulo 1: E + IO = CTM y NE (Entorno más Interacción con Otros es igual a tu Concepto de Ti Mismo y a tu Nivel de Estrés)? Esa fórmula enseña que las cosas negativas que suceden en los entornos de los jóvenes y las interacciones afectan el concepto que tienen de sí mismos. Cuanto más negativas sean sus experiencias, peor se sentirán respecto a sí mismos.

Como todas las ecuaciones, ésta puede ser revertida. Un mal concepto de sí mismo combinado con mucho estrés puede hacer que alguien se sienta negativo aun cuando suceda algo positivo, simplemente porque todo está coloreado por su baja autoimagen y su alto nivel de estrés.

¿Cómo puedes hacer que tu amigo escuche y crea las cosas positivas que estás diciendo de él? Primero, continúa diciendo cosas positivas. Repítelas hasta que creas que tu amigo no solo oye, sino que escucha lo que le estás diciendo. También puedes pedirle a tu amigo que repita algo positivo que acabes de decir.

*El dice:* "Ya no soy divertido."
*Tú dices:* "Me has hecho reír muchas veces."

*El dice:* "A nadie le gusta estar con un gruñón."
*Tú dices:* "Hemos pasado muchos momentos divertidos juntos."

*Tu amigo suspira y te mira fijamente.*

*Tú dices:* "Repite lo que acabo de decir."
*El dice:* "Dijiste que hemos pasado muchos momentos divertidos juntos."

En este punto, tu amigo podría recordar alguno de esos momentos, y tal vez deje escapar una pequeña risa. Esa risa no significa que todo está mejor. Quiere decir que, por un momento, tu amigo escuchó lo que estabas diciendo. Significa que lo ayudaste a recordar algo positivo. Ese breve momento podría hacer que sea posible para él escuchar alguna otra cosa que sea positiva. Centímetro a centímetro, las palabras y los sentimientos positivos pueden ayudar a tu amigo a alejarse cada vez más de su plan de cometer suicidio.

# ¿Y qué pasa si tienes miedo de no ser un buen escucha?

Una de las razones por las que es difícil escuchar a las personas hablar de sus problemas es que a menudo no sabemos qué decir. Cuando vemos a alguien sufriendo, queremos abrir nuestras bocas y decir exactamente lo correcto. Queremos sonar sabios y atentos. Queremos decir algo gracioso para aliviar el momento y algo útil para que la otra persona se sienta mejor.

Si no sabes qué decir a un amigo que sufre, las siguientes son algunas cosas sencillas que podrías decir:

- "Me doy cuenta de que estás molesto."
- "Pareces muy triste."
- "Lamento que te sientas tan mal."
- "¿Cómo te puedo ayudar?"
- "¿Adónde podemos ir juntos para hablar con alguien?"
- "¿Y ahora qué hacemos?"

Nota que ninguna de estas oraciones es lista, sabia o inteligente. No tienes que ser un gran orador para decir ninguna de ellas. Las primeras tres simplemente responden a lo que estás viendo u oyendo. Las últimas tres le dicen a tu amigo que estás dispuesto a hacer algo para ser útil o encontrar ayuda.

Así que no dejes que el miedo a decir las palabras equivocadas o a no decir las palabras perfectas impida que alientes a tu amigo a hablar. No es lo que dices o no dices lo que es importante, sino cómo lo dices. Si suenas preocupado, interesado, afectuoso y amistoso, tu amigo responderá a esos sentimientos.

No es necesario que seas un gran conversador para ser un buen escucha. No tienes que ser un solucionador de problemas brillante para ser un buen escucha. De hecho, no deberías pensar que al aceptar escuchar estás aceptando ser un superhéroe y resolverlo todo en la vida de tu amigo. No estás prometiendo solucionar todos sus problemas ni ahora ni después. Las únicas promesas que puedes hacerle a tu amigo —y a ti mismo— son ser un amigo que lo escuchará y que lo apoyará para que encuentre a un adulto que pueda ayudar.

## Si todavía no estás seguro de tus habilidades...

No subestimes tus habilidades para ayudar a un amigo, ni siquiera para salvar una vida. Si tu amigo se ha abierto a ti, esa es la mejor señal de que cree que puedes ayudarlo. Si tu amigo elige compartir sus pensamientos sobre el suicidio contigo, te está haciendo saber que confía en ti. Al sentarse contigo y hablar, tu amigo preocupado claramente está comunicando un mensaje que no puede expresar con palabras: "Realmente no quiero suicidarme. Cuento contigo para que me ayudes a encontrar apoyo. Por favor, toma mi mano y sácame de mi túnel oscuro".

## Sé tú mismo

¿Te estás preguntando de qué manera deberías actuar cuando estés con tu amigo e intentes ayudarlo? Es sencillo: haz lo que te sientas cómodo haciendo. ¿Te gusta abrazar? Entonces pon tus brazos alrededor de tu amigo y aprieta fuerte. ¿Eres del tipo callado? Entonces siéntate cerca de tu amigo y deja que sea él quien hable. ¿Eres una persona efusiva y conversadora? Entonces no temas hablar de una manera positiva, optimista y alentadora. Solamente sé tú mismo.

## COSAS PARA PENSAR Y HACER

1. Recuerda un momento en el que hayas sabido que alguien no te estaba escuchando. ¿Qué dijo o hizo esa persona que te hizo saber que no te estaba escuchando? Ahora piensa en un momento en el que hayas sentido que tenías la atención total de alguien. ¿Qué hizo esa persona para comunicarte ese mensaje?
2. Busca a un amigo con quien sostener una conversación. Decide quién hablará y quién escuchará. El que hable tiene que hacerlo sobre cualquier tema durante dos minutos, y el que escucha debe actuar como si no estuviera escuchando. Después hablen de cómo actuó quien escuchaba. Comenten sobre cómo se sintió el que estaba hablando.
3. Cambien papeles y sostengan otra conversación. Esta vez, el que escucha tiene que actuar como si estuviese escuchando cada palabra que le dicen. Después hablen de cuáles fueron las diferencias entre esta conversación y la primera. ¿Cómo actuó el que escuchaba? ¿Cómo se sintió el que hablaba?
4. Elabora una lista de las cosas que puedes hacer y decir para hacer saber a una persona que estás escuchando lo que está diciendo.

# 7

# Busca ayuda

Un día, tu amiga (llamémosla Jennifer) te confía: "Estaría mejor muerta. Me voy a suicidar". Te cuenta que planea chocar el automóvil de sus padres en el paso a desnivel de la vía rápida que se encuentra a una milla de su casa. Espera que tú la comprendas, y te pide que no se lo cuentes a nadie. Hasta te hace prometer guardar su secreto.

Por lo que ya has aprendido sobre el suicidio, sabes que deberías tomar a Jennifer en serio. Lo que te contó sobre su plan para quitarse la vida y su pedido de que guardes su secreto te han dado dos cosas por las que preocuparte: mantenerla a salvo y conservar su amistad. Podrías sentirte atrapado entre querer ayudar y no desear romper tu promesa.

Una cosa es segura: *nadie debe mantener en secreto un deseo de suicidio,* ni siquiera si esto pone en riesgo una amistad. No importa lo hábil que seas escuchando, no puedes ayudar a tu amigo totalmente solo. No importa cuán persuasivo seas para hacer que Jennifer hable de sus problemas, no te resultará posible cargar con el peso de su seguridad tú solo. No puedes protegerla de sí misma cada minuto del día. Le tienes que decir a su padre o madre, a un consejero del colegio, a un maestro, a un sacerdote, a un ministro o a un rabino —o a cualquier otro adulto que se interese en ella— y tú eres quien debe contarlo. Luego intervendrá el adulto a fin de conseguirle a Jennifer la ayuda que necesita para superar su crisis de suicidio.

¿Estará Jennifer enojada contigo por haberle contado a alguien? A lo mejor sí... a lo mejor no. Lo más probable es que te haya contado su secreto porque quería que alguien la ayudase. También podría sentirse aliviada de saber que otras personas se apresurarán para protegerla y evitar que cumpla con sus planes.

Pero existe la posibilidad de que no se sienta aliviada. Tal vez simplemente esté enojada contigo. Luego podría negarse a verte o a hablarte, y su enojo te dolerá. Tal vez hasta te haga dudar de si hiciste lo correcto al contarle a un adulto sus deseos de morir.

Contarle a alguien *siempre* es lo correcto. Aun en el caso de que revelar los planes de un amigo hagan que éste se enoje contigo. Es mucho mejor que un amigo se enoje contigo por unos pocos días, semanas o meses, que perderlo para siempre a manos del suicidio.

Piensa en ello de este modo: si tu amigo cayera por las escaleras y llegara abajo con una pierna rota, no te quedarías mirando y preguntándote si deberías ir por ayuda o no. Irías a buscar a alguien, rápido. No dejarías que tu amigo te convenciera de no correr en busca de auxilio porque te explica que le da mucha pena que alguien se entere de lo torpe que ha sido, o porque tiene mucho miedo de ir al hospital, o porque es demasiado tímido para molestar a sus padres. Sabrías que tu amigo necesita ayuda profesional de inmediato.

Una persona que quiere cometer suicidio está sufriendo tanto como alguien que se fractura una pierna, pero el dolor está adentro, donde nadie lo puede ver. El dolor emocional que empuja a una persona a querer morir no se irá por sí solo, de la misma manera en la que una pierna fracturada no se sanará correctamente si no la atienden los expertos.

## ¿A quién deberías decirle?

En el otoño de 1990, una joven de diecisiete años de Minneapolis se suicidó. Su padre le dijo luego a un periodista que su hija había parecido estar bien hasta un mes antes de morir. La familia había ido a su cabaña junto al lago para tomar unas vacaciones. En lugar de pasar el día practicando el esquí acuático, como solía hacer siempre cuando estaba en el lago, la joven pasaba mucho tiempo durmiendo. Su padre recuerda que ella había mencionado un par de veces que tenía "dificultades con la gente".

Después de que la joven murió, la familia se enteró de que había escrito una carta a una amiga describiéndole su desesperación y cansancio de la vida. La amiga no le mencionó la carta a nadie. Si ella hubiera conocido las señales de advertencia del suicidio, probablemente le habría contado a alguien sobre la misiva justo después de recibirla.

¿Qué pasa si uno de tus amigos comparte contigo el secreto de que está cansado de la vida o de que quiere morir? ¿A quién deberías contarle? La respuesta a esa pregunta depende en cuán bien conozcas a los padres de tu amigo, de dónde vives y vas a la escuela y de en quién confías.

Si conoces a los padres de tu amigo y te sientes cómodo hablando con ellos, entonces diles lo que sabes. Pero no se lo digas sólo a ellos. No es inusual que los adolescentes suicidas se sientan aislados de su padres. Cuando hablaba con treinta jóvenes de entre trece y veinticuatro años de edad que habían intentado suicidarse un entrevistador los escuchó decir a todos que nunca hubiesen intentado suicidarse si hubieran sentido que sus padres los apoyaban.[1] Así que aun cuando te agraden los padres de tu amigo y confíes en ellos, recuerda que tu amigo podría no sentir lo mismo respecto a ellos. De hecho el deseo de morir de tu amigo podría ser detonado por los problemas en su casa —problemas que nunca has presenciado y de los cuales no sabes nada.

- Algunos padres parecen discutir con sus hijos más de lo que los escuchan. Podrían ver los pensamientos suicidas de tu amigo como una cosa más por la cual discutir. Hasta podrían asumir que su hijo simplemente trata de llamarles la atención al fingir querer suicidarse.
- Algunos padres son abusadores físicos, emocionales o sexuales que no querrían que alguien de afuera hablara con su hijo.
- Uno o ambos de los padres podrían sufrir de alcoholismo o de adicción a las drogas, y podría no estar en posibilidades de ser lo suficientemente honestos sobre los problemas de la familia como para conseguir ayuda para tu amigo.

Tal vez sea difícil de imaginar, pero los padres de tu amigo podrían ser uno de los motivos —a lo mejor hasta el motivo principal— por los cuales está pensando en suicidarse.

Aun en los hogares amorosos, algunos padres encuentran difícil creer que su hijo realmente quiere morir. Podrían negar los problemas y adoptar el enfoque de esperar y ver qué pasa. Si esperan con la esperanza de que la crisis de tu amigo no sea tan seria o de que posiblemente pase, corren el riesgo de esperar por demasiado tiempo.

---

1. Crook, Marion, Please, Listen to M! Your Guide to Understanding Teenagers and Suicide. Bellingham, WA: Self-Counsel Press, 1992.

A fin de asegurarte de que tu amigo obtenga la mejor protección y ayuda posible, dile a otra persona además de a sus padres. Ese alguien puede ser cualquier adulto (o adultos) en el que confíes: tus propios padres, un familiar, un maestro favorito. No dejes de contarle a los adultos sobre tu amigo hasta que al menos una persona te diga que hará algo para ayudarlo.

No tienes que contarle a los padres de tu amigo si no quieres hacerlo. A lo mejor no los conoces, o no te sientes cómodo de hablar con ellos sobre su hijo. Pero debes decirle a otra persona. El adulto en el que confíes, o la gente a la que recurra éste en busca de ayuda, se asegurará de que los padres de tu amigo se enteren de que su hijo está en peligro.

Tal vez asistes a una escuela en la que hay gente capacitada en prevención del suicidio juvenil. Estas personas podrían ser los consejeros, la enfermera de la escuela, los trabajadores sociales, los entrenadores o, a lo mejor, el director. Ellos sabrán cómo intervenir para proteger a tu amigo. Probablemente te formularán algunas preguntas específicas: "Qué te dijo tu amigo?" "¿Cómo planea suicidarse?" "¿Dónde?" "¿Cuándo?" Sé completamente honesto con ellos, y diles todo lo que sepas. Tu información los ayudará a decidir con cuánta rapidez deben actuar.

Si hablas con alguien de tu escuela, y esa persona no responde de una manera que a ti te parezca correcta, encuentra a otra persona con quien hablar. Sigue buscando hasta que estés seguro de haber encontrado a alguien que pueda ayudar a tu amigo.

## Busquen ayuda juntos

En ocasiones, un amigo te confiará que quiere morir, pero todavía no habrá hecho un plan. Por lo tanto, no se encuentra en peligro inmediato, pero aun así sigue estando en problemas. Debido a que ha compartido sus sentimientos, puedes estar bastante seguro de que habla contigo como manera de buscar ayuda. Pero también debe compartir sus sentimientos con un adulto comprensivo antes de poder comenzar a sanar su vida.

Tú puedes ayudarlo a dar ese primer paso necesario al sugerir que hable con un adulto en quien confíe y al ofrecerte a acompañarlo. Probablemente has escuchado la expresión "Puedes contar conmigo". A menudo los amigos se lo dicen entre sí. Las palabras significan "Estaré a tu lado durante los tiempos difíciles". Si tu amigo es suicida, podrías tener que ir con él cuando hable con sus padres, consejero, u otro adulto confiable. Es probable que tengas que estar a su lado.

Los jóvenes que están pensando en quitarse la vida se sienten solos en el mundo. Debido a sus pensamientos suicidas, les resulta difícil creer que alguien los comprenda o se preocupe por ellos. Así que tiene sentido que cuando se acerquen a un adulto para hablar de sus problemas necesiten ir con un amigo que haya demostrado su preocupación y comprensión.

Sin embargo, no te sientas herido o enojado si tu amigo rechaza tu oferta de acompañarlo. Tal vez no se sienta cómodo de que haya otra persona presente durante esa conversación difícil con sus padres o con un consejero. Tu amigo podría elegir sostenerla en privado.

## Asegúrate de que algún adulto esté enterado

Sin embargo, que tu amigo diga "Hablaré con mis padres, pero prefiero hacerlo a solas" no quiere decir que realmente lo hará. La gente piensa en morir porque sufre, y las personas que sufren internamente no siempre toman decisiones sensatas sobre su propia seguridad. Por lo tanto, con o sin tu amigo a tu lado, te debes asegurar de decirle a algún adulto que tu amigo piensa en suicidarse y que probablemente se encuentra en peligro. Continúa diciéndoselo a los adultos hasta que al menos uno te diga que hará algo a fin de asegurarse de que tu amigo reciba ayuda.

## ¿Y luego qué sigue?

Tu amigo todavía te necesitará después de haber comenzado a recibir ayuda. Una vez que sus planes suicidas estén al descubierto, él y su familia tendrán que trabajar duro para comprender lo que ha salido mal en su vida. No es sencillo superar la clase de problemas que llevan a los pensamientos suicidas, así que los siguientes pocos meses, o año, le resultarán dolorosos.

Tal vez tu amigo también se sienta avergonzado sobre esa época suicida de su vida. A lo mejor se siente cohibido y se preocupa de que la gente piense que está loco. Una vez que haya pasado la crisis, hasta podría sentirse raro de hablar contigo, y podría mantener su distancia. Pero más que nunca, tu amigo necesitará saber que no lo has abandonado.

Si no se resiste a estar contigo, continúen hablando y haciendo cosas juntos. Si al principio se resiste, mantente en contacto de maneras nimias. Una rápida llamada de "¿Cómo estás?", notas cortas pegadas a su casillero, una tarjeta chistosa o pequeños regalos como un ramo de flores, un libro, o un compacto que creas que disfrutará, le hará saber que no lo has olvidado. Continúa siendo un amigo de cualquier manera que puedas.

## Compañeros ayudantes

Algunas escuelas y comunidades han creado programas de compañeros ayudantes, en los que estudiantes y adultos capacitados trabajan juntos para combatir el suicidio juvenil. Estos programas de asistencia de adolescentes para adolescentes capacitan a jóvenes para enseñar a sus compañeros habilidades de resolución de problemas, información sobre la clase de problemas con los que se debaten muchas personas jóvenes, y ayuda para encontrar recursos profesionales.

Un grupo de compañeros ayudantes, Natural Helpers, se inició en 1979 después del suicidio de un estudiante de preparatoria en Mercer Island, Washington. Los consejeros querían que los estudiantes los ayudaran a encontrar a otros estudiantes que estuviesen en peligro de intentar suicidarse. En el presente, este programa opera en cientos de escuelas de Estados Unidos y Canadá.

Natural Helpers no capacita estudiantes para que sean terapeutas. En su lugar los entrena para ayudarse unos a otros a pensar en los problemas cotidianos, como romances terminados o una discusión verbal con los padres. Para problemas mayores, como la adicción a las drogas, el abuso, la depresión y los pensamientos y sentimientos suicidas, los ayudantes adolescentes refieren a sus compañeros a recursos comunales apropiados.

Natural Helpers recluta a una variedad de estudiantes, no sólo a los líderes escolares. Al capacitar a los estudiantes con diferentes habilidades de aprendizaje y distintos intereses fuera de la escuela, a Natural Helpers les resulta posible estar en contacto con más niños en problemas.

Natural Helpers cree que los ayudantes adolescentes no deben intentar resolver problemas mayores por su cuenta. Están capacitados para encontrar a un adulto capaz y utilizar dos palabras importantes: "Necesito ayuda". A los ayudantes adolescentes también se les enseñan habilidades de autoayuda a fin de que puedan cuidarse a sí mismos mientras están ayudando a otros.

Si quieres más información sobre Natural Helpers, escribe o llama:

Comprehensive Health Education Foundation
22323 Pacific Highway South
Seattle, WA 98198
Teléfono (206) 824-2907

## COSAS PARA PENSAR Y HACER

1. Si un amigo te dijera que se va a suicidar, ¿a quién se lo dirías? ¿Puedes pensar en uno o más adultos que sabrían qué hacer? ¿Sabes cómo contactar a estas personas? ¿Podrías contactarlas en su casa si necesitaras hacerlo?
2. ¿Les contarías a tus padres sobre los pensamientos suicidas de tu amigo? ¿Por qué sí o por qué no?
3. ¿Escucharían tus padres lo que estás sintiendo sobre los problemas de tu amigo? ¿Por qué piensas que te escucharían o que no te escucharían?
4. No importa lo que hayas contestado a las preguntas 2 y 3, acércate a tus padres y pregúntales si estarían dispuestos a ayudarte a apoyar a uno de tus amigos a superar una crisis suicida.
5. Averigua qué adultos de tu escuela, tales como consejeros, maestros, administradores, o enfermeras, están capacitados en la prevención del suicidio juvenil. Averigua cómo contactarlos. ¿Hay alguien que esté disponible las veinticuatro horas? Si tu escuela publica un directorio escolar, revísalo a fin de saber si los números telefónicos de estos adultos capacitados se encuentran en la lista.
6. Averigua si tu comunidad cuenta con una línea de emergencia. Apunta el número telefónico en el formulario de Información Importante que se encuentra en la página 19 de este libro.

## Cómo ayudar a un amigo a superar una crisis suicida

HACER:

- Acércate
- Haz preguntas
- Demuestra que te importa
- Alienta a tu amigo a hablar
- Escucha sin emitir juicios
- Habla abiertamente sobre el suicidio
- Permanece calmado
- Sé positivo
- Sugiere a personas a las que ambos pueden recurrir
- Conoce tus límites
- Obtén ayuda
- Actúa rápidamente si piensas que tu amigo está en peligro

NO HACER:

- Que los problemas de tu amigo parezcan no tener importancia
- Mostrarte impresionado
- Mantener en secreto los planes suicidas de tu amigo
- Pedirle a tu amigo que piense en cómo su suicidio haría sentir a los demás
- Intentar quitarle un arma a tu amigo
- Dejar solo a tu amigo cuando está en crisis
- Abandonar la esperanza

# 8

# Ayúdate a ti mismo

El suicidio juvenil no afecta solamente a la persona que intenta cometer suicidio. Afecta a los que lo ayudan —los amigos, los miembros de la familia, los consejeros, los maestros, y a otras personas preocupadas e interesadas que intentan ayudar al joven a superar sus problemas. Afecta a los sobrevivientes —los miembros de la familia y los amigos que han perdido a un ser querido a causa del suicidio. El suicidio de un adolescente también afecta a otros jóvenes con problemas que podrían haber estado pensando en el suicidio como escape a las dificultades de la vida. El suicidio de un compañero de clases, pariente o vecino, podría hacerlos decidir de acuerdo a sus propios pensamientos suicidas.

Algún día podrías encontrarte en uno o más de estos grupos: ser el amigo o familiar de una víctima de suicidio, o ser un adolescente con problemas. A lo mejor ya perteneces o has formado parte de uno de estos grupos. Hacer algo sobre el suicidio juvenil significa más que ayudar a un amigo a superar una crisis suicida. También significa saber cómo ayudarte a ti mismo —seas un ayudante, un sobreviviente o un adolescente que podría estar pensando en el suicidio.

# Ayuda para ayudantes

## Si ayudas a un amigo que está pensando en suicidarse

Hablar con un amigo suicida y buscar ayuda puede ser atemorizante. Podría exigir de toda tu energía y concentración y dejarte sintiéndote agotado y confuso. Aun después de que tu amigo se encuentre a salvo y obteniendo ayuda, tú podrías preguntarte si hiciste lo correcto. Podrías preocuparte de cuán rápido sanará tu amigo por dentro. Repentinamente, la vida puede parecer demasiado insegura, demasiado difícil o demasiado atemorizante.

Tus padres podrían ser las mejores personas con las que compartir esta experiencia. Trata de hablar con ellos, aun en el caso de que creas que podrían no comprender todo lo que pasaste con tu amigo. Si no puedes hablar con tus padres, busca otros adultos que se preocupen por ti. Encuentra a alguien que te escuche hablar de lo que pasaste y de cómo te sientes.

Necesitas escuchar a alguien que te diga "Estoy orgulloso de ti" porque, en realidad, has hecho algo de lo que deberías sentirte orgulloso. Escucha y acepta los halagos y comentarios positivos de quien te está escuchando. Evita decir cosas tales como "No hice demasiado", "No fue la gran cosa", o "Hice lo que hubiera hecho cualquiera en mi lugar".

Tal vez necesites hablar de la crisis suicida de tu amigo en más de una ocasión. A veces, contar y volver a contar tus historias importantes puede ayudarte a sanar.

La crisis suicida de tu amigo también podría despertar pensamientos y sentimientos internos de muerte y suicidio en tu interior.

## Si tu amigo intenta suicidarse

No te culpes si tu amigo intenta suicidarse a pesar de tu cuidado, escucha y mejores esfuerzos por encontrar ayuda. En ocasiones nada de lo que digas o hagas cambiará el modo de pensar o la conducta de tu amigo. Tú no eres responsable de la vida de otras personas. Repite para ti mismo: *Lo mejor que puedo hacer es lo mejor que puedo hacer.*

El intento de suicidio de tu amigo podría dejarte herido y confundido. Podrías formularte todo tipo de preguntas: "¿Por qué habrá intentado suicidarse justo después de que hablamos?" "¿Habrá sido por algo que le dije?" "¿Habrá sido por algo que no le dije?" "¿Por qué me habrá dicho que ya se sentía mejor e intentó suicidarse al día siguiente?" "¿Habré pasado por alto alguna señal de advertencia?" "¿No estaría yo prestando atención?" Tal vez no puedas pensar en ninguna respuesta que tenga sentido para ti.

Debes creer y recordar que tu amigo no intentó suicidarse por algo que dijiste o que no dijiste. Tu amigo no intentó suicidarse a causa de algo que hiciste o que no hiciste. Tu amigo intentó suicidarse por razones que no tienen nada que ver contigo.

La severidad del dolor emocional de tu amigo podría haber hecho imposible que él escuchara o aceptase ayuda de nadie. El estrés y dolor de tu amigo podrían haber estado acumulándose por semanas o por más tiempo. Podría hacer falta más que un amigo afectuoso que escuche para revertir los problemas que han causado semanas o meses de dolor.

## Problemas especiales

En ocasiones, los jóvenes tienen problemas que son mucho más profundos que su necesidad de resolver una crisis personal. A veces los adolescentes intentan suicidarse porque tienen problemas emocionales que afectan la manera en la que interactúan con los demás. Demos un vistazo a esos posibles problemas.

### *Personas que son suicidas crónicos*

Algunas personas intentan suicidarse una y otra vez. Estos individuos crónicamente suicidas continuarán intentándolo hasta que finalmente se quiten la vida. Están obsesionados con el suicidio y a menudo se resisten a recibir ayuda.

### *Chantajistas*

Algunos adolescentes utilizan la amenaza del suicidio como manera de lograr lo que quieren. A veces quieren control sobre los adultos que forman parte de sus vidas. Podrían amenazar con suicidarse como manera de evitar que sus padres los castiguen o les digan qué hacer: "Si me castigas, me suicido".

Hay adolescentes que utilizan sus intentos de suicidio pasados para chantajear a la gente a que no espere demasiado de ellos: "Si me das una "F" en esta materia me sentiré tan mal que intentaré suicidarme". "Sabes que soy suicida. Si no logro entrar en el equipo, quién sabe lo que haré."

Con frecuencia, estos jóvenes utilizan las amenazas de suicidio en un esfuerzo por evitar que las relaciones románticas se terminen: "Si rompes conmigo me suicido". Sus novias o novios se sienten atrapados y responsables, especialmente si el chantajista intenta o comete suicidio. Pero no son responsables de alguien que utiliza el chantaje como manera de controlar a otras personas. Si terminan de todas maneras y su chantajista intenta o comete suicidio, podrían sentir que ellos también tienen la culpa, pero no es así.

La mayoría de los adolescentes suicidas buscan una manera de terminar con su propio sufrimiento, pero los chantajistas quieren causarle dolor a otra gente. Estos jóvenes tienen ideas enfermas sobre las relaciones. Quieren controlar a las demás personas. Los chantajistas son sólo un pequeño número de los adolescentes que intentan o cometen suicidio.

### *Buscadores de venganza*

Como los chantajistas, los adolescentes que intentan suicidarse por venganza quieren herir a otra persona. No están intentando resolver problemas personales. En su lugar, quieren saldar las cuentas con alguien que creen que los ha herido u ofendido.

Estos adolescentes son irracionales. A menudo se enojan por asuntos menores o por argumentos mezquinos. Con frecuencia están tratando de voltear a un padre contra el otro, o contra algún otro adulto que ellos creen que los ha insultado o herido. Como los chantajistas, los buscadores de venganza necesitan de ayuda profesional antes de que puedan dejar de utilizar las amenazas de suicidio para controlar a otra gente.

## Sigue siendo un amigo

¿Qué haces si un amigo está obsesionado con el suicidio o utiliza una amenaza de suicidio como comodín a fin de obtener lo que quiere? Escuchas a tu amigo y acudes a un adulto en busca de ayuda. Si ya has hecho esas dos cosas, entonces has hecho todo lo posible. No eres responsable si tu amigo intenta suicidarse. Repítete a ti mismo: El intento de suicidio de mi amigo no es mi culpa.

Finalmente, no te sorprendas si te sientes enojado o desilusionado porque tu amigo intentó suicidarse. Podrías sentir que tu trabajo y escucha no sirvieron para nada. Tal vez te ayude recordarte que tu amigo no podía pensar en ti cuando estaba intentando suicidarse. Sus emociones y dolor hacían que le resultara imposible pensar en todo lo que no fuera la manera en la que él se sentía. A diferencia del chantajista y del buscador de venganza, él no quería hacerte enojar o que te sintieras defraudado.

Los jóvenes que intentan suicidarse necesitan amigos:

- que sigan siendo sus amigos;
- que los sigan escuchando;
- que sigan ayudándolos;
- que los acepten como son.

Sigue siendo un amigo. Eso es lo mejor —y lo más— que puedes hacer por alguien.

## Ayuda para sobrevivientes

El National Center for Health Statistics estima que cada suicidio afecta íntimamente al menos a otras seis personas, por lo general la familia y los amigos más cercanos del joven que cometió suicidio. Esta cifra aumenta mucho cuando incluyes a los compañeros de clase, a los miembros del equipo, a los vecinos y a los parientes cercanos —tías, tíos, primos.

Utilizando las cifras del National Center, la American Association of Suicidology estima que hay más de cuatro millones de sobrevivientes al suicidio en Estados Unidos. Cada uno de ellos ha sentido el dolor de perder a alguien a quien amaba.

Si pierdes a un amigo a causa del suicidio, sentirás una mezcla de emociones. Algunas de éstas podrían sorprenderte. Otras serán difíciles de entender para ti. Unas durarán sólo unas pocas horas o días, otras podrían durar meses, años, o toda la vida. Lo más probable es que pases por las varias etapas de duelo. Estas etapas —*negación, depresión, ira, negociación y aceptación*— fueron explicadas claramente por primera vez por la psiquiatra suiza Elisabeth Kübler-Ross. Ella identificó estas etapas después de años de experiencia con pacientes que morían y sus familias.

Nadie pasa por estas etapas exactamente de la misma manera. Algunas personas podrían saltarse toda una etapa, y otras podrían regresar a una o más de ellas muchas veces. De la misma manera en la que no existen dos personas que sean exactamente iguales, no hay dos personas que superen su duelo de exactamente la misma manera. Pero la mayoría de la gente pasará algún tiempo en cada una de estas etapas. A continuación encontrarás descripciones de lo que podrías sentir y sugerencias sobre lo que puedes hacer para ayudarte.*

## Negación

Cuando te enteras de que un amigo ha cometido suicidio, podrías negar que haya sucedido. Aun cuando en tu mente sabes que tu amigo ha muerto, tal vez lo niegues con el corazón. La muerte podría parecer un mal sueño.

A fin de evitar sentir la verdad, podrías evitar los lugares y a las personas que te recuerdan a tu amigo y al suicidio. Podrías dejar de hacer cosas que hacías con tu amigo, o de escuchar la música que ambos disfrutaban. Tal vez te enojes con otras personas cuando mencionen el suicidio o el nombre de tu amigo. Hasta podrías regalar los presentes, fotografías y objetos que te recuerden a tu amigo.

### *Sugerencias*

- Encuentra a alguien con quien puedas hablar e intenta decir algo como "Extraño a mi amigo". Esta afirmación corta te ayudará a tomar contacto con tus sentimientos de pérdida.

---

* También podrías pasar por estas etapas de duelo si tu amigo ha intentado suicidarse. Debido a que tu amigo sobrevivió a su intento, probablemente pasarás por ellas con más rapidez que si él, de hecho, hubiera cometido suicidio.

- Cuéntale a alguien algo que hacían juntos tu amigo y tú. A lo mejor puedes recordar una anécdota sobre algo gracioso que haya dicho o hecho tu amigo. Contar estas historias te ayudará a hacer dos cosas. Primero, te ayudará a aceptar que tu amigo realmente ha muerto. Segundo, te ayudará a recordar las cosas que te gustaban de tu amigo, las cosas que hacían que su amistad fuera especial.
- Conserva los objetos que te recuerden a tu amigo, y ponlos en un lugar en el que no tengas que verlos hasta que no te sientas mejor.

## Depresión

La profunda tristeza o depresión es una etapa importante del duelo. Durante ésta, muchas personas no quieren hablar con nadie y sienten que tienen poca energía para hacer lo que sea. Quieren estar solos. Sin embargo, aislarte es una de las peores cosas que puedes hacer, porque te hará sentir todavía más triste y más solo.

### *Sugerencias*

La depresión, ese sentimiento que te hace sentir triste y apagado por dentro, es lo opuesto a la expresión, que es una apertura de los sentimientos y acciones. Por lo tanto, una de las maneras de aliviar la depresión es encontrar alguna manera de estar activo y de expresar tus sentimientos.

- Estar con otra gente puede ser un útil primer paso hacia sentirse mejor. En lugar de quedarte solo en tu cuarto, o de evitar a la gente en la escuela, encuentra a alguien con quien puedas hacer algo. El simple hecho de hacer planes para encontrarte con algún amigo en la cafetería de la escuela para almorzar te dará un lugar adonde estar y alguien con quien estar.

- Encontrar maneras de ayudar a otros a superar su duelo te ayudará a sentirte menos triste. Podrías desear escribir una nota a los padres de tu amigo y decirles por qué su hijo era especial para ti. También habrá otras personas en duelo, en tu escuela o comunidad. Tomarte un tiempo para escuchar sus sentimientos te ayudará a manejar los tuyos.
- Hablar es una manera natural en la que la gente se expresa a sí misma. No tienes que hablar del suicidio si no lo deseas. El simple hecho de estar con alguien y hablar de lo que sea te ayudará a sentirte menos solo. Pero si conoces a alguien con quien te puedas abrir —tus padres, un maestro, un amigo cercano—, entonces contar y volver a contar la historia de tu amigo, o hablar del suicidio y de todo lo que te hizo sentir, te ayudará a salir de la depresión.
- Hablar no es la única manera en la que puedes expresarte. Si eres músico, tomar tu instrumento nuevamente te ayudará a sanar. Las personas que son artistas pueden elaborar sus sentimientos a través de su arte, y la gente que disfruta de escribir puede llenar muchas hojas con sus pensamientos. Llevar un diario te ayudará a sacar tus sentimientos. Releer tu diario en el futuro te recordará que alguna vez tuviste estos sentimientos y te demostrará cómo, con el tiempo, los superaste.
- La actividad física es una manera maravillosa de dejar que tu cuerpo trabaje estos sentimientos. Correr, caminar, nadar —cualquier actividad física que utilice tus músculos y te haga sentir agradablemente cansado— te ayudará a sentirte mejor.

## Ira

No te sorprendas si te sientes enojado con tu amigo: "¿Cómo pudiste matarte?" Podrías sentirte enojado contigo mismo: "¿Cómo pude permitir que sucediera esto?" O tal vez te sientas enojado con los adultos que te rodean: "¿Por qué no lo salvaron?" Podrías sentirte enojado con todos y con todo lo que alguna vez estresó a tu amigo: maestros, padres, un ex jefe, una novia o novio, la pierna fracturada del año pasado, un parachoques mellado, hasta un salto fallado. Tal vez sientas que todo ello "traicionó" a tu amigo y lo empujó a suicidarse.

### *Sugerencias*

- Una manera de canalizar tu ira es reunirte con otras personas y hablar de las maneras en las cuales tu escuela o comunidad pueden evitar que suceda otro suicidio juvenil. Encontrarás ideas en el Capítulo 9.
- Sigue las sugerencias para superar la etapa de negación. También te ayudarán a manejar tu ira.
- Hablar, estar físicamente activo, y hacer las cosas que alguna vez disfrutaste te ayudará a librarte de la ira que sientes en tu interior.

## Negociar

Querer negar el suicidio de tu amigo y desear culparte a ti mismo por su muerte juegan un papel importante en tu deseo por negociar con el destino otra oportunidad. Podrías desear poder revertir el hecho terrible que ha sucedido: "Si tan solo mi amigo pudiera tener otra oportunidad. Si tuviera otra oportunidad de detectar las señales de advertencia, de ser un mejor escucha, de encontrar ayuda con más rapidez".

Estos pensamientos son naturales. Los sobrevivientes de un suicidio a menudo se preguntan si lo hubiesen podido evitar, aun cuando no sea razonable que se sientan responsables.

### *Sugerencias*

Antes de que puedas aceptar la muerte de tu amigo, debes saber dentro de tu corazón que él no tiene una segunda oportunidad. Tienes que creer que de ninguna manera fuiste responsable de su muerte.

- Repítete a ti mismo: *Hice lo mejor que pude. No soy responsable de la muerte de mi amigo.*
- Hablar con otros de tus sentimientos de culpa y de cuánto desearías que tu amigo y tú tuviesen una segunda oportunidad te ayudará a superar esta etapa.
- Podrías tener preguntas sobre el suicidio de tu amigo: "¿Cómo murió?" "¿Quién fue la última persona que lo vio?" "¿Quién lo encontró?" "¿Dejó una nota?" Encontrar las respuestas a estas preguntas puede ayudarte a superar esta etapa. Si conoces a los padres de tu amigo y te sientes cómodo hablando con ellos, podrías pedirles las respuestas a tus preguntas. Ellos también podrían necesitar hablar de su hijo con alguien que lo haya conocido. Tus padres o consejero escolar también podrían tener las respuestas que necesitas antes de poder avanzar a la última etapa del duelo.

## Aceptación

Un día aceptarás que tu amigo ha muerto. En ese momento habrás superado la etapa final del duelo. No te sentirás feliz por la muerte de tu amigo, pero podrás vivir con el hecho de que ya no está.

### *Sugerencias*

- No tengas miedo de hablar sobre tu amigo o de recordar las cosas que hicieron juntos.
- Si escondiste algunos objetos que te lo recuerden, encuéntralos y ponlos en tu recámara o en un álbum.

Una vez que hayas pasado por las cuatro etapas del duelo, hablar de la persona que ha muerto, o recordarla, no iniciará tu duelo de nuevo. Todavía podrías tener momentos en los que llores o sientas ganas de llorar. Eso está bien. Extrañar a alguien que se ha ido es natural y saludable. Es un recordatorio de que tu amigo fue especial.

**MANERAS DE SUPERAR EL DUELO**

- Dite a ti mismo que sentirse triste es normal.
- Llora cuando necesites hacerlo.
- Pasa algún tiempo con tu familia y amigos.
- Haz cosas que disfrutes.
- Permanece activo.
- Habla o escribe sobre tus sentimientos.
- Encuentra maneras de ayudar a otros.
- Reúnete con otros y piensen en ideas de cómo detener el suicidio juvenil.
- Pon en práctica tus ideas.

## Protégete en contra del suicidio

Has estado aprendiendo sobre el suicidio y las maneras de ayudar a otras personas que podrían estar pensando en suicidarse. Pero no te olvides de ayudar y proteger a otra persona importante en tu vida: tú.

¿Recuerdas las pesas y los globos que describimos en el Capítulo 1? Las cosas negativas de tu vida se pueden sentir como pesas de cien libras alrededor de tu cuello. Las cosas positivas pueden sentirse como globos poderosos que equilibran las pesas de tu vida.

Tómate unos momentos para pensar en cuántas pesas y globos tienes en tu vida. ¿Cómo te sientes en este momento? ¿Estás cargando con demasiadas pesas? ¿Hay globos suficientes para equilibrar tus pesas y mantener alto tu concepto de ti mismo? Hacer el auto-chequeo te dará algunas respuestas.

**AUTO CHEQUEO: ¿ESTÁN EN EQUILIBRIO TUS PESAS Y TUS GLOBOS?**

1. En una hoja de papel aparte, enumera todas las cosas que te hicieron sentir bien la semana pasada. No olvides incluir los detalles que podrías dar por sentados, tales como escuchar un buen disco compacto, recibir un abrazo de tu madre o padre, o montar tu bicicleta en un día soleado. Estos son tus *globos.*
2. Ahora enumera todas las cosas que sucedieron la semana pasada que te hayan hecho sentir emociones tales como ira, vergüenza, frustración, tristeza o miedo. Estas son tus *pesas.*
3. Compara tus listas. ¿Es una mucho más larga que la otra? ¿Qué te dice eso sobre el equilibrio de globos y pesas en tu vida?
4. Observa nuevamente tu lista de pesas y responde a las siguientes preguntas:
   - ¿Cuáles han desaparecido desde la semana pasada?
   - ¿Cuáles todavía te hacen sentir aplastado?
   - ¿Cuáles puedes resolver tú solo?
   - ¿Con cuáles necesitas ayuda?

¿Generalmente estás feliz en la escuela, en tu casa, en tu trabajo, en el campo deportivo? ¿Por lo general te llevas bien con tu familia, amigos, maestros y entrenadores? ¿Te sientes bien respecto a ti mismo la mayor parte del tiempo? ¿Sientes que hay muchas cosas que puedes hacer bien? ¿Te sientes relajado, o estás tenso y rígido por dentro? ¿Tienes a menudo la misma sensación que sientes cuando te estás preparando para rendir una evaluación importante o hablar en frente de la clase?

Está bien si decides que estás un poco estresado de vez en cuando, o si sabes que tienes algunos problemas. Tu vida siempre tendrá una dosis de estrés y de problemas. Aun cuando no siempre parezcan ser positivos, una cierta cantidad de resolución de problemas y de estrés son buenos para ti.

Por ejemplo, resolver el problema de cómo equilibrar las exigencias de un trabajo de medio tiempo y el trabajo escolar de tiempo completo puede resultar difícil. Pero cuando resuelves cómo harás para equilibrar ambas cosas, habrás aprendido habilidades que te ayudarán por el resto de tu vida.

Decidir cómo resistirás la presión de tus compañeros para que bebas o tengas una vida sexualmente activa antes de que te sientas preparado para hacerlo, nunca es fácil. Pero aprender cómo ser tú mismo te dará toda una vida de confianza en ti mismo.

Ya resuelves muchos problemas todos los días. Decides cosas tales como qué ropa usar para ir a la escuela, cómo estudiar para tu evaluación de historia, cómo pedirle un día libre a tu jefe y cómo ahorrar dinero para comprarte los pantalones de mezclilla que quieres comprar. Estos problemas ciertamente no son tan serios como decidir cómo decir "no" a la presión de tus compañeros, pero la mayoría de los problemas, grandes o pequeños, pueden resolverse siguiendo algunos pasos básicos.

## SEIS PASOS PARA LA RESOLUCIÓN DE PROBLEMAS

Imagina que tienes un problema: qué hacer el viernes en la noche. Los siguientes son seis pasos que pueden guiarte a una solución.

***Paso 1:*** *Define el problema.*

Tengo que decidir qué haré el viernes en la noche.

***Paso 2:*** *Enumera las alternativas que veas.*

Podría:

- quedarme en casa a ver la televisión;

- ir a lo de Bill;
- ir al cine con Janet.

***Paso 3:*** *Enumera las fuentes de ayuda o de otra información.*

- Preguntarle a mamá si puedo usar el automóvil el viernes. ("Está bien" dice, "pero sólo si me ayudas a limpiar la casa a tiempo para la comida de la empresa del domingo a las 2 p.m. Ah, y el domingo espero que estés en casa a la hora de la comida.)
- Llamar por teléfono a Bill. ("No estaré en casa el viernes por la noche" explica. "¿Qué te parece el domingo?")
- Llamar a Janet. ("El viernes en la noche tengo que trabajar" dice ella. "Pero ¿podemos ir al cine el sábado?")

***Paso 4:*** *Enumera tus alternativas, como las ves ahora.*
El viernes podría:

- quedarme en casa y ver la televisión (idea vieja);
- limpiar la casa (idea de mamá) y preguntarle si puedo usar el automóvil el sábado y el domingo.

***Paso 5:*** *Piensa en tus opciones.*

- Si quiero el automóvil, tengo que limpiar la casa el viernes en la noche o el sábado.
- Si quiero ver a Janet, tiene que ser el sábado.
- Si no puedo ver a Bill el viernes, puedo verlo el domingo.
- Si hago planes para el domingo tienen que ser después de la comida.

***Paso 6:*** *Actúa.*

- Tomar la aspiradora y los sacudidores y limpiar el viernes.
- Ir por Janet el sábado.
- Ir a lo de Bill el domingo después de las cuatro de la tarde.

De la misma manera en la que la resolución de problemas puede ser útil, el estrés también puede tener algunos beneficios. De hecho, no todo el estrés es malo, y algunas cosas buenas también lo pueden causar. Las vacaciones familiares son divertidas, pero estresantes. Las fiestas decembrinas son alegres, pero estresantes. Un nuevo empleo, hasta uno que realmente quieres, puede ser estresante.

El estrés también puede funcionar como motivador. Muchos atletas se desempeñan a su nivel más alto cuando están estresados y tratando de avanzar desde atrás. Muchos animadores dan sus mejores actuaciones cuando se sienten estresados. Muchos estudiantes escriben sus mejores artículos o evaluaciones cuando están estresados.

Aunque una cierta cantidad de estrés y resolución de problemas puede ser buena, demasiado estrés puede resultar peligroso. Tener que resolver problemas que son demasiado grandes para que los manejes solo —tales como un embarazo, un padre alcohólico, o el abuso sexual, físico o emocional— puede aumentar peligrosamente tus niveles de estrés y enfermarte física o emocionalmente. Tal como aprendiste en los capítulos 1 y 4, tener más pesas que globos y tener problemas que son demasiado grandes como para resolver puede poner a los adolescentes en riesgo de cometer suicidio.

¿Cómo sabes cuándo estás sufriendo de demasiado estrés? Tu cuerpo te dará algunas de las mejores señales. Podrías tener uno o más de los siguientes síntomas:

- dolores de cabeza y estómago frecuentes;
- un ataque repentino de asma;
- dificultades para concentrarte, dormir, comer o respirar;
- estallidos repentinos de temperamento, llanto e irritabilidad.

Cuando estás lo suficientemente estresado como para mostrar estos síntomas, podrías no tomar decisiones sabias o razonables. Podrías comenzar a sentirte negativo sobre tus entornos, y la gente que te rodea. Podrías aislarte para alejarte de todo y de todos lo que te irritan. Si te aíslas, corres el riesgo de deprimirte profundamente. Este ciclo de estrés, irritación, aislamiento y tristeza profunda pueden, en ocasiones, llevar a pensamientos de suicidio.

## Ayuda para cuando te sientas estresado

Una manera importante en la que te puedes proteger a ti mismo contra el suicidio es prestar atención a tus niveles de estrés, a la manera en la que te sientes internamente y a lo que hace que te sientas estresado. Si comienzas a mostrar o a sentir los síntomas emocionales o físicos de un exceso de estrés, encuentra a alguien con quien puedas hablar. Cuéntale sobre estos sentimientos y síntomas y sobre cuándo y con cuánta frecuencia suceden. También puedes hacer algunas cosas para aliviar el estrés que haya en tu vida.

- Te sentirás naturalmente menos estresado si descansas lo suficiente, comes comidas balanceadas y te mantienes saludable y en buena condición física.
- Equilibra las partes estresantes de tu vida con actividades e intereses que sean menos estresantes. Si eres un estudiante serio, toma un descanso y haz algo que no sea mentalmente exigente. Si eres un atleta competitivo, incluye otra actividad en tu vida que no requiera competencia.
- Elimina estrés haciendo algo físico. Corre, corta el césped, baila, levanta pesas, haz calisténicos, o da una caminata rápida.
- Habla de tu estrés. Encuentra a alguien en quien confíes y con quien te sientas cómodo hablando.
- Haz algo por otros. Sé tutor de algunos niños más jóvenes de la escuela, ofrécete de voluntario en un hospital local, visita regularmente a una persona que viva en un asilo, diles a tus padres que tú guisarás la cena, u ofrécete a llevar a tu hermana menor a su práctica de soccer.

- Date permiso para cometer errores, y admítelos. No siempre tienes que ser perfecto.
- Recuérdate que no tienes que resolver todos los problemas del mundo hoy. No tienes que decidir todo tu futuro en este momento. Un mal día no significa que todos los días que sigan serán malos.
- Aparta un tiempo para soñar. Para poner en marcha tu imaginación prueba dibujar o iniciar un diario.
- Mantén tu vida interesante. Prueba algo nuevo de vez en cuando. Haz amigos nuevos, come comidas nuevas, prueba un nuevo estilo de peinado, o encuentra un nuevo pasatiempo.
- Identifica las fuentes de tu estrés. Luego pregúntate: "¿Hay algo que pueda hacer a fin de reducir el estrés que hay en mi vida? ¿Puedo eliminar o modificar algunas de las fuentes de mi estrés?"

En la página 132 encontrarás una lista de eventos y situaciones que se sabe que estresan a los jóvenes. Muchas de estas cosas pueden causar estrés negativo o malo, y una gran parte de estos estresores han formado parte de la vida de la gente joven que intentó suicidarse. Algunos de estos eventos y situaciones son cosas positivas que pueden generar estrés bueno.

Aquellos puntos que se encuentran cerca del inicio de la lista pueden ser, con frecuencia, grandes fuentes de estrés. Los que se encuentran cerca del final de la lista son fuentes menores de estrés.

Marca con una paloma todos los puntos que describan cosas que te hayan sucedido a ti en los últimos seis meses. Luego observa tu lista. ¿Tienes muchas palomitas cerca de la mitad superior de la lista? ¿Cuántas palomitas tienes entre los puntos 1 y 20? Si tienes más de cinco marcas entre estos números, probablemente te encuentras bajo mucho estrés. Busca a un adulto en quien confíes y muéstrale tu lista. Juntos podrán decidir si necesitas hablar con un consejero o terapeuta.

¿Y qué pasa si la mayoría de tus palomitas se encuentran entre los puntos 21 y 40? Si tienes más de diez palomitas después del punto 20 muéstrale tu lista a un adulto en quien confíes y habla de las cosas que te han estado sucediendo.

Palomear los puntos de esta lista y luego observar dónde se encuentran estas marcas te dará una idea de la cantidad de estrés que podrías estar sintiendo. Tener menos de cinco palomitas en la primera mitad de la lista, o menos de diez en la segunda mitad no es garantía de que no estés sintiendo demasiado estrés. Utiliza esta lista simplemente como una guía para pensar en el estrés de tu vida. No ignores la manera en la que te sientes internamente y los síntomas físicos de estrés que podrías estar experimentando.

CONSEJO: Si estás preocupado porque un amigo parece estresado o deprimido, marca los puntos de la lista que sepas que le han sucedido. Luego muéstrale la lista y juntos vean si él le puede añadir más palomitas. Esta lista puede ayudar a que tu amigo se sincere contigo.

# Lista de chequeo de crisis

1.— Fallecimiento de uno de tus padres.
2.— Divorcio de tus padres.
3.— Separación de tus padres.
4.— Un amigo o familiar comete suicidio.
5.— Abusas del alcohol o de otras drogas.
6.— Terminaste con tu novio o novia.
7.— Se comete abuso físico o sexual en tu casa.
8.— Un amigo o familiar intenta suicidarse.
9.— Alguien a quien amas fallece de causas naturales.
10.— Un miembro de tu familia abusa del alcohol o de otras drogas.
11.— Eres gay, lesbiana o te estás cuestionando tu orientación sexual.
12.— Se cometen abusos emocionales en tu casa.
13.— Te embarazas.
14.— Sufres de una enfermedad o lesión mayor.
15.— Tienes problemas con tus tareas escolares.
16.— Hay violencia en tu escuela.
17.— Te enteras de que tu novia está embarazada.
18.— Te mudas a una nueva ciudad.
19.— Tienes dificultades para llevarte bien con tus amigos.
20.— Comienzas a asistir a una escuela nueva o te cambian el maestro.
21.— Llega un nuevo hermanito o hermanita.
22.— Un miembro de la familia se enferma o lesiona.
23.— Uno de tus padres es despedido de su empleo.
24.— Mamá comienza a trabajar tiempo completo.
25.— La casa se incendia o es robada.
26.— Discutes con hermanos y hermanas.
27.— Tu familia tiene problemas económicos.
28.— Tu mascota muere o se pierde.
29.— Inicias un nuevo deporte o una nueva actividad.
30.— Cambian tus hábitos de sueño.
31.— Hay violencia en tu colonia.
32.— Un miembro de la familia se muda lejos.
33.— Tienes un empleo nuevo.
34.— Ganas un premio.
35.— Discutes con tus abuelos.
36.— La familia sale de vacaciones.
37.— Vas a un campamento de verano.
38.— Te inscribes en la universidad.
39.— Cambia la cantidad de tiempo que ves la televisión.
40.— La familia celebra un cumpleaños o fiesta.

**PREGÚNTATE...**

Como un chequeo final sobre cómo te estás sintiendo, formúlate las siguientes preguntas:

* ¿Me siento un fracasado?
* ¿Estoy solo?
* ¿Carezco de confianza en mí mismo?
* ¿Tengo una mala opinión de mí mismo?
* ¿Pienso en el suicidio?

Si respondiste "sí" a la última pregunta y al menos a tres de las otras, acude de inmediato con un adulto en quien confíes y con el que te sientas cómodo hablando. Muéstrale estas preguntas y cuéntale cómo las respondiste. Pídele ayuda al adulto. No dejes de buscar hasta que obtengas la ayuda que necesitas.

## Libros que te pueden ayudar a ayudarte

En ocasiones, el libro correcto puede levantar tu espíritu y hacerte pensar en cosas nuevas y positivas. Pide sugerencias a tus maestros o bibliotecarios.

# 9

# Involucra a tu escuela y a tu comunidad

El mejor lugar para comenzar un programa de prevención del suicidio juvenil es con las personas jóvenes como tú y con tus amigos. Alrededor del noventa por ciento de los estudiantes de secundaria y preparatoria que piensan en el suicidio primero comparten sus pensamientos con un amigo. Esto se debe a que los adolescentes saben cómo se sienten otros jóvenes y escuchan los problemas unos de otros.

La mayoría de los adolescentes comienza a pensar seriamente en la prevención del suicidio después de que un amigo ha intentado o cometido suicidio. Después de la crisis de su amigo podrían sentirse culpables: "¿Hice lo suficiente para ayudar a mi amigo?" Podrían sentirse enojados; "¿Por qué hizo eso mi amigo?" También podrían sentirse impotentes: "¿Por qué alguien no hizo algo?" A menudo, estos sentimientos y el deseo de hacer algo sobre el suicidio juvenil pone a pensar a los adolescentes. Con frecuencia, estos jóvenes se reúnen con otros estudiantes y adultos en sus escuelas y comunidades con el objeto de hablar sobre el problema del suicidio juvenil.

Muchas escuelas y comunidades han iniciado programas de prevención al suicidio después de que uno o más adolescentes de su área cometieron suicidio. Plano y Laredo en Texas, Jefferson County en Colorado, el Shawnee Mission School District en Overland Park, Kansas, y Omaha, Nebraska, están entre los muchos lugares de Estados Unidos en los que se iniciaron programas de prevención al suicidio en respuesta directa a una escalada en los suicidios de adolescentes.

Los jóvenes ya están trabajando duro por muchas causas buenas: hambre, desamparo, analfabetismo, y una Tierra más limpia y segura. Muchos se unen a Students Against Driving Drunk (SADD)* y trabajan para evitar que los adolescentes beban alcohol, conduzcan y mueran en sus automóviles. Otros se han unido a la campaña "Sólo di que no" porque saben que las drogas destruyen vidas.

Las organizaciones nacionales como SADD y "Sólo di que no" demuestran que los jóvenes se pueden unir para reducir o solucionar los problemas que los dañan a ellos y a sus amigos.

## PRUEBAS DE QUE LOS JÓVENES PUEDEN MARCAR UNA DIFERENCIA

El libro *Kids with Courage: True Stories about Young People Making a Difference*, por Barbara Lewis (Free

* Estudiantes en Contra de Conducir en Estado de Ebriedad (N. de la Trad.).

Spirit Publishing, 1992) está lleno de ejemplos de la vida real de jóvenes que han mejorado las vidas de otras personas. Como Charles Carson, de diecinueve años de edad, de Tacoma, Washington, quien inició un programa para combatir la violencia, las drogas y el crimen entre adolescentes. Y Mercedes Jones, de dieciséis años de edad, de Louisville, Kentucky, quien inició un programa para concientizar a los jóvenes sobre el abuso sexual. Ellos y otros adolescentes de los que se habla en este libro vivieron traumas que no quisieron que sufrieran otros jóvenes. Decidieron hacer algo. Sus esfuerzos y éxitos prueban que los jóvenes pueden marcar una diferencia.

## ¿Quién necesita saber sobre el suicidio?

No tienes que esperar hasta que alguien en tu escuela intente cometer o cometa suicidio. En este momento, en tu escuela y tu comunidad, hay jóvenes que piensan en el suicidio.

Hay cuatro grupos en tu área que necesitan con urgencia información y educación sobre el suicidio:

- *Adolescentes:* la mayoría de los jóvenes no ha recibido información suficiente sobre el suicidio juvenil. Después de leer este libro tú sabes más sobre el tema que muchas personas, incluyendo a los adultos.
- *Padres:* como sus hijos e hijas, la mayoría de los padres sabe muy poco sobre el suicidio. Muchos le temen. Creen que el suicidio es lo que les pasa a "los hijos de otras personas". Los padres también temen que si su hijo o hija tiene inclinaciones suicidas, esto quiera decir que ellos han hecho un mal trabajo como padres. En ocasiones es cierto, pero generalmente no es así. Los padres tienen que saber más sobre

el suicidio juvenil, y necesitan involucrarse a fin de encontrar soluciones para el problema.

- *Personal de las escuelas:* maestros, consejeros, enfermeras, custodios, cocineros, choferes de autobús y directores, todos están en contacto con jóvenes que están pensando en el suicidio. Todas estas personas necesitan información sobre el suicidio juvenil a fin de poder detectar y obtener ayuda para un joven con tendencias suicidas.
- *Grupos comunitarios:* grupos civiles, organizaciones juveniles, iglesias, templos y empresas locales, todos necesitan información sobre el suicidio. A menudo, estos grupos tienen los recursos para ayudar a apoyar proyectos importantes. A veces pueden contribuir con dinero, y a menudo pueden encontrar voluntarios que se involucren.

## Cómo puedes educar a otros: Un plan de acción paso a paso

Si quieres iniciar un proyecto para educar a otros y ayudar a prevenir el suicidio juvenil en tu área, sigue estos pasos.

1. *Invita a uno o más amigos a que te ayuden.* Tener a alguien con quien pensar en un plan hará que fluyan más ideas. Los amigos se apoyan unos a otros y se mantienen motivados entre sí.
2. *Define el problema.* ¿Cuántas personas en tu comunidad han intentado suicidarse en el curso de los últimos dos años? ¿Cuántos cometieron suicidio durante ese tiempo? Los consejeros y directores de las escuelas de tu comunidad pueden ayudarte con esas cifras.
3. *Averigua todo lo que puedas sobre el suicidio.* Busca en las revistas y periódicos información actual, y lee libros. Tu bibliotecario puede ayudarte a encontrar material. Llama o escribe a organizaciones que tengan programas contra el suicidio y averigua qué hacen y qué saben. Habla con otros

jóvenes sobre sus experiencias con el suicidio. Habla con maestros y padres para obtener sus ideas. Habla a las escuelas de tu área e infórmate de lo que han hecho; podrían tener ideas que puedas utilizar o mejorar.

En Kansas, por ejemplo, un tercio de todas las escuelas le dan a los estudiantes de séptimo a doceavo años información sobre el suicidio juvenil. Los estudiantes aprenden sobre las señales de advertencia y sobre los mitos que rodean al suicidio. También aprenden qué hacer por sí mismos y por los amigos para prevenir el suicidio. Generalmente, estas lecciones son impartidas como parte de las clases de salud o higiene del noveno año.

4. *Averigua qué, si es que algo, se está haciendo para educar a la gente de tu comunidad sobre el suicidio juvenil.* Averigua si existen otros grupos trabajando para prevenir el suicidio adolescente y qué es lo que están haciendo. No pases días o semanas desarrollando tu proyecto sólo para descubrir que otro grupo u organización ya tiene un programa en marcha. El suicidio es un gran problema, así que hay trabajo más que suficiente para todos aquellos que se quieran involucrar. Algunos lugares para comenzar y preguntas para formular son:
   - ¿Tiene la gente de tu escuela y comunidad acceso a información actualizada sobre el suicidio. Infórmate de qué libros sobre el suicidio se encuentran disponibles en tu escuela y en las bibliotecas públicas. ¿Son éstos actuales?
   - ¿Ofrece tu escuela programas sobre el suicidio juvenil? Estos programas generalmente se presentan en la clase de salud, cursos especiales y grupos después del horario de clases. Averigua si hay límite de edad. ¿Son los programas sólo para estudiantes de preparatoria? Podrías desear proponer un programa para estudiantes de secundaria, o hasta de primaria.

- ¿Enseñan los grupos religiosos juveniles de tu área sobre el suicidio a los adolescentes? ¿Son sus programas para todos o sólo para miembros?

Si descubres que ya existe un buen programa, involúcrate. De no ser así, continúa con el siguiente paso.

5. *Haz una tormenta de ideas sobre planes y soluciones posibles al problema de educar a otros sobre el suicidio juvenil.* No busques solamente el mejor enfoque. Sé creativo, incluso tonto; algunas grandes ideas han surgido de sugerencias aparentemente ridículas.
6. *Forma un grupo de apoyo fuerte.* Es natural querer poseer y proteger tus ideas. Sin embargo, el suicidio es un problema que toca las vidas de muchas personas, y para tener éxito necesitarás la ayuda de todos aquellos que apoyen lo que estás haciendo. Los padres, el personal de la escuela, los líderes de tu comunidad y otros jóvenes te ayudarán a que tu proyecto surja a la vida.

   Busca en tu Cámara de Comercio Juvenil, los clubes de optimistas y los clubes de leones. Muchos apoyan los proyectos juveniles en sus comunidades. Algunos grupos cívicos podrían estar interesados en trabajar con estudiantes para promover la educación sobre el suicidio y un programa de prevención en tu área.
7. *Desarrolla tu plan.* Decide exactamente qué quieres hacer. Las siguientes son algunas preguntas que podrías formular:
   - ¿Qué necesitan saber los jóvenes sobre el suicidio?
   - ¿Cómo pueden obtener esa información?
   - ¿Qué necesita saber el personal de la escuela sobre el suicidio?
   - ¿Cómo se pueden informar mejor?
   - ¿Qué se puede hacer para involucrar a los grupos comunitarios?

   Basándote en tus respuestas, desarrolla una meta para tu plan. Por ejemplo, podrías decidir que deseas iniciar una línea de crisis de veinticuatro horas en tu escuela. Desarrollar un plan concreto y tener una meta clara te ayudará a tener éxito.

8. *Prepárate para la oposición.* Muchas personas creen que hablar del suicidio aumenta el número de gente que se quita la vida. Esa creencia es incorrecta, pero probablemente conocerás a alguna gente que utilizará ese error para oponerse a tus esfuerzos. Si has investigado correctamente, podrás responder a sus objeciones, argumentos y miedos. Si adultos con influencia —tales como tu director, los miembros del consejo estudiantil y otros oficiales electos, padres o líderes empresariales— apoyan tu proyecto, ellos te ayudarán a superar todas las resistencias.
9. *Contacta a los medios informativos.* Los medios deberían estar involucrados por dos motivos. Primero, tus estaciones de radio y televisión locales, al igual que tu periódico, querrán hacer saber a otros lo que estás haciendo. Las historias que produzcan serán una gran publicidad para tu proyecto. Segundo, la gente de los medios también necesita ser educada sobre el suicidio.

   Muchos estudios han demostrado que la información detallada y dramática sobre el tema que presentan los medios informativos aumenta el número de suicidios en un área determinada. Los reporteros de los periódicos, televisión y radio, que difunden una historia de suicidio con sensacionalismo, comunican que éste es una manera aceptable de llamar la atención.

   Las historias sobre el suicidio deberían hacer dos cosas: tendrían que reportar sólo los hechos, y también deberían mencionar lugares dentro de la comunidad a los que puedan recurrir los jóvenes con problemas para recibir ayuda. De esta manera, los medios pueden hacer el trabajo de cubrir las noticias, y también ofrecer un servicio valioso.
10. *Inicia tu proyecto.* Si has involucrado a mucha gente en tu proyecto, iniciarlo será divertido.
11. *Después de un periodo razonable de tiempo,* evalúa tu proyecto.
    - ¿Está logrando lo que quieres lograr?

- ¿Cómo se sienten los estudiantes con tu programa?
- ¿Qué dicen del programa los padres y el personal de la escuela?
- ¿Cómo ha respondido la comunidad?
- ¿Estás complacido con el progreso del proyecto?
- ¿Puedes enumerar algunas cosas positivas que hayan sucedido gracias a tu proyecto? ¿Y algunas negativas?

Mantén y mejora las cosas que estén funcionando. Corrige o mejora aquellas que no estén funcionando.

Iniciar un programa de educación y prevención del suicidio puede parecer una tarea enorme, pero no te des por vencido. Muchas personas jóvenes han superado problemas igualmente grandes y han tenido éxito. También lo lograrás tú. Recuerda, no tienes que resolver tú solo el problema del suicidio juvenil. No tienes que iniciar solo el programa. Otras personas de tu comunidad, escuela y familia te ayudarán. Juntos, todos pueden hacer algo para salvar a personas jóvenes de que se quiten la vida.

***Los adolescentes que intentan o cometen suicidio están eligiendo no vivir. Cuando los jóvenes tienen otras opciones, son menos los que eligen el suicidio. La educación sobre el suicidio y los programas de prevención dan a los jóvenes otras opciones.***

**SI QUIERES SABER MÁS...**

Para encontrar más consejos, ideas y asesoría sobre cómo te puedes reunir con otros jóvenes para trabajar en un problema como el del suicidio juvenil, lee *The Kid's Guide to Social Action: How to Solve the Social Problems You Choose—And Turn Creative Thinking into*

*Positive Action,* de Bárbara Lewis (Free Spirit Publishing, 1991). Este libro incluye muchas historias reales sobre jóvenes que escribieron cartas y propuestas, visitaron sus legislaturas, contactaron a los medios informativos y escribieron propuestas para solucionar problemas que eran importantes para ellos. Encontrarás cartas, propuestas, formularios de entrevista y más, todo listo para que lo copies y uses, más instrucciones paso a paso.

## Un grupo nacional en contra del suicidio juvenil

Los jóvenes que trabajan con SADD y "Sólo di que no" han ayudado a salvar vidas jóvenes al desalentar el conducir después de beber. ¿Qué pasaría si los estudiantes formaran un grupo en contra del suicidio juvenil? Creemos que este grupo también podría salvar las vidas de los jóvenes.

Te estamos invitando a iniciar un grupo de Estudiantes Previniendo el Suicidio Juvenil —SPYS según sus siglas en inglés— en tu escuela o comunidad. Como vigilantes verdaderos, los miembros de este grupo buscarían las señales que revelan a un joven que podría estar en peligro de cometer suicidio. Como verdaderos vigilantes, los miembros de este grupo transmitirían lo que saben sobre el suicidio y sobre sus compañeros con problemas a los adultos capacitados para ayudarlos.

En el momento en el que se publicó este libro, una red nacional de información y programas para la prevención del suicidio juvenil es sólo una idea. A pesar de ello, creemos que los jóvenes de todo el país pueden convertirlo en realidad.

¿Estarías interesado en organizar un grupo SPYS en tu escuela o grupo juvenil. Si tu respuesta es "sí" por favor escribe o llama:

Dr. Richard E. Nelson, Assistant Director
Counseling and Psychological Services
Watkins Health Center
The University of Kansas
Lawrence, KS 66045
Teléfono: (913) 864-2277

Copia esta página, recorta la tarjeta, dóblala y guárdala en tu cartera. Llévala siempre contigo. Idea: a lo mejor una organización cívica de tu comunidad adoptaría el proyecto de imprimir y distribuir esta tarjeta como proyecto para prevenir el suicidio juvenil.

**Encuentra a un adulto en el que confíes y di:**
**"Necesito ayuda"**
**o llama a la operadora.**

Amigo ________ Teléfono # ________
Sacerdote ________ Teléfono # ________
Consejero ________ Teléfono # ________
Línea de crisis ________ Teléfono # ________

**Señales de advertencia de un suicidio**

- Depresión.
- Cambios repentinos en la conducta.
- Amenazas de suicidio.
- Romance terminado, muerte en la familia —cualquier pérdida personal significativa.
- Agresión, rebeldía, desobediencia.
- Regalar posesiones atesoradas.
- Amenazas de suicidio.
- Conducta autodestructiva.

# Indice analítico


A
Abuso
y riesgo de suicidio, 58-59, 62-63, 74-76
sexual, 106
Accidentes
como causa de muerte, 38
*Vea también* Accidentes en automóvil
Accidentes en automóviles, 66, 83-84
Aceptación, como etapa del duelo, 117-118, 122-124
Acercarse, 79-89
importancia de, 17-18
sugerencias para, 13-15
Adolescentes desamparados, centro de crisis para
Afro-estadounidenses y bajo porcentaje de suicidios, 62-63
Agresión, 57-58
Alcohol, problemas con y riesgo de suicidio, 58-58 61, 64-68, 106
Allen, Nancy, 80
Alto riesgo de suicidio, 79
Ambivalencia, 86
Amenazas. *Vea* Amenazas de suicidio; Suicidio, amenazas de
Amenazas de suicidio, 52-53
American Association of Suicidology, 80
Amigos
confiando en, 11-13
importancia de, 25-26, 30-31, 48-49, 76, 78, 116-118
Amor, necesidad de, 26-27
Anorexia, 58-59
Apariencia, como señales de advertencia, 54
Armas de fuego, 84, 86
Autodestructiva conducta, 57-59
Autoestima, pérdida de, 58-60
Automóvil, accidentes. *Vea* Accidentes en automóvil
Automóviles, accidentes, 66, 83-84
Ayuda
a quién decir, 104-107, 111
buscar, 106-109
compañeros ayudantes, 109-111
para ayudantes, 113-118

B
Bender, David, 11, 67
Berkovitz, I. H., 71

C
Calor, por los amigos, 80-81
Capuzzi, D., 40
Centro de Información sobre el suicidio, 69
Centros de crisis
números de teléfono, 16, 17-18, 19
Chantaje, intento de suicidio como, 116
Colgarse, 84
Compañeros como ayudantes, 109-110
Comportamiento humano
cambios repentinos en, 54-55
*Vea también* Tipos específicos de comportamiento
influencias sobre, 25-26
propósito de, 25-26, 33-35

y sentimientos, 31
Comprehensive Health Education Foundation, 110
Comunidad
involucramiento en la prevención del suicidio, 15-16, 135-145
Concepto de uno mismo, 28-31
Conducta. *Vea* Conducta Humana; Conducta suicida
Conducta suicida, 16-17
Confianza
en los adultos, 15, 80-81
entre amigos, 12-13, 80-81
Cortarse las muñecas. *Vea* Cortarse las venas
Cortarse las venas, 83-84
Covenant House Nineline (Ciudad de Nueva York), 62
Crisis. *Vea* Crisis suicida
Crook, Marion, 38, 106
Culpa, 17-18, 115, 117-118, 122-123
Culpa por el suicidio de alguien, 17-18, 69. *Vea también* Responsabilidad
Culpa. *Vea* Responsabilidad

D
Davis, F., 12
Depresión, 32-34, 42-43
ciclo de la, 63-64
como etapa del duelo, 118, 120-122
*Vea también* Depresión maniaca
situacional, 63-64
y riesgos de suicidio, 61, 62-64
*Depression and Suicide in Children and Adolescents* (Patros y Shamoo), 12, 66
Depresión maniaca, 41-43
Desesperación, 30-31, 63-64, 105-106 *Vea* Líneas para suicidas
Desobediencia, 57
Disparar. *Ver* Armas de fuego
Drogas
como método de suicidio, 83-84
y riesgo de suicidio, 58-59, 61, 64-66, 105-106
Duelo
etapas del, 117-124
por el suicidio de alguien, 13-15, 69-70, 117-118
por la muerte de alguien, 54-56
superar el, 124

E
Educación, suicidio
grupos que necesitan, 137-138
plan de acción, 138-143
Elección, 87-89, 142
Embarazo y riesgo de suicidio, 62-63, 71-74
Emocional, abuso. *Vea* Abuso
Emociones. *Vea* Sentimientos; Sentimientos específicos
Empatía, 92-93
Energía
baja, 63
negativa, 46-47
positiva, 31
Enfermedad mental versus suicidio, 41-43
Entorno
definición, 28
e interacción con otros, 28, 29
Equilibrio, 29-31, 75-76, 125
Escape, el suicidio percibido como, 24-25, 30, 62-63, 89
Escuchar, 91-102
activamente, 92, 96
importancia de, 30, 44, 69, 80, 91
sugerencias para, 14, 99-102
y empatía, 92-94
Escuela

cambios en la como señal de alerta, 54
involucrar en la prevención del suicidio, 15-16, 135-145
Espeland, Pamela
Espontáneo, plan de suicidio, 83
Esquizofrenia, 41-43
Estadísticas sobre el suicidio, 11, 13-15, 38
Estado de ánimo, cambios de, 41-43, 63-64
Estrés
bajar el, 129-131
como motivación, 127-128
respuesta física al, 32-33
y concepto de uno mismo, 28, 29-30
y riesgo de suicidio, 62-63, 75, 76, 128-129
Estudiantes dotados, riesgo de los, 61, 69-72
Estudiantes en Contra de conducir en estado de ebriedad, 135-137, 143
Estudiantes Previniendo el Suicidio Juvenil, 143
Estudiantes previniendo los suicidios juveniles, 143

F
Familia, problemas, 105
Farberow, N. L., 46, 71
*Fighting Invisible Tigers* (Hipp)
Físico, abuso. *Vea* Abuso
Fracaso y riesgo de suicidio, 69
Frederick, C. J., 39
Frustración, 11

G
Galas, Judith, 18
Gay, adolescentes, y riesgo de suicidio, 61, 62-63, 66-69, 75-76
Gibson, Paul, 67
*God's Lost Children* (McGrady), 62
Golden, L., 40
Gootman, Marilyn
Grollman, E. A., 12

H
Hablar
como indicio de los sentimientos, 94-96
necesidad de, 82
y comentarios positivos, 98-99
Handwerk, S., 39
Hipo, Earl
Holden, Constance, 42
Homosexualidad. *Vea* Adolescentes gay; Adolescentes lesbianas

I
Incesto, 38
*Vea también* Abuso
Intento de suicidio
como llamado de atención, 32-33
definición, 17
intentos repetidos, 46-49, 115
propósito de, 34
y rescates, 24
y riesgo de suicidio, 61, 69
*Vea también* Señales de advertencia
Inutilidad, 27
Ira, 11, 31, 41, 42-43, 57-58, 95-96
como etapa del duelo, 117-118, 121-122

J
Johnston, J., 24

K
*Kids with Courage* (Lewis), 136-137
Kolehamainen, J., 39
Kübler-Ross, Elisabeth, 118

L
Leone, Bruno, 11, 67
Lesbianas, adolescentes, y riesgo de suicidio, 61, 67-69
Lewis, Barbara, 136, 143
Líneas para suicidas
Litman, R. E., 46, 71

M
Maniaca, depresión, 41-43
McGrady, Mary Rose, 62
Medios informativos, y suicidio, 141
Métodos de suicidio, 83-87
Miller, M., 69
Monóxido de carbono, envenenamiento, 84
Muerte
  enfrentando la propia, 24-25
  fascinación con la, 16-17
  pérdidas a causa de, 55-56

N
National Center for Health Statistics (NCHS), 35, 38, 62
Natural Helpers, 110
Negación
  como etapa del duelo, 117, 118-120
  de los padres, 80
Negociación, como etapa del duelo, 117-118, 122-123
Nelson, Richard, 18
Nineline. *Vea* Covenant House Nineline
*Not With My Life I Don't* (Rosenthal), 69
911, llamar, 85

O
Odio a uno mismo, 26-27

P
Padres
  como escuchas, 80-81
  como preventores del suicidio, 13-14, 137-138
  percepción de los, de los adolescentes, 15, 80-81
Patrones de alimentación, cambios en los, como señal de advertencia, 54, 58-59
Patros, P. G., 12, 65
Peck, Michael, 46, 71, 80
Peligro, evaluando el, 83-86
Pensamiento limitado, 87-89
Percepciones
  de los padres, 15, 80-81
  de los problemas, 44
Pérdidas, incapacidad para manejar las, 55-56
Plan para el suicidio. *Vea* Suicidio
*Please, Listen to me!* (Crook), 38, 106
Posesiones, deshacerse de las, como señal de alarma, 56
Preguntas, formular, 80-83
Preocupaciones sexuales y riesgo de suicidio, 67-69
Prevención, 39, 135-145
  y educación, 137-143
*Preventing Adolescent Suicide* (Capuzzi), 40
Problemas
  como imposibles de resolver, 87-88
  debatirse con, 12-13
  en casa, 105-106
  lista de, 34
  múltiples, 45
  percepciones de los, 44
  temporales, 24
Problemas de aprendizaje y riesgo de suicidio, 61-62, 71
Programa "Sólo di que no", 136, 143
Protección en contra del suicidio, 124-129

R
Raphael, Lev
Rebeldía, 57
Recursos, 16-17, 133
Resolución de problemas, 18, 23-25, 30, 126-128

Responsabilidad, del suicidio, 17-18, 115-116, 117-118, 122-123
Rickgarn, R. L., 43
Riesgo, personas en, 41, 61-76
Rosenthal, H., 69

S
SADD. *Vea* Estudiantes en contra de conducir en estado de ebriedad
Saltar de un lugar alto, 83-84
Secreto, 103-105
Sentimientos
  indicios de, 93-96
  negativos, 29-31
  positivos, 25, 26, 28-31, 32
  *Vea también* Sentimientos específicos
  revisándolos, 133
  y conducta, 31-33
Señales de advertencia, 13-14, 15, 16-17, 38-40, 51-60, 62, 63-64, 69-70, 79, 105-106
  lista en tarjeta, 145
  verbales, 53
  *Vea también* Intento de suicidio; Conducta suicida
Serotonina, efecto en el suicidio, 42
Sexual, abuso. *Ver* Abuso
Shamoo, T. K., 65
Sicología. *Vea* Comportamiento humano
Sobrevivientes, ayuda para los, 118-124
Soledad, 26-27, 63-64
SPYS. *Ver* Estudiantes Previniendo los Suicidios Juveniles
Sueño, patrones de, cambio en los, como señal de advertencia, 53-54
Sugestionabilidad, factor de, 41
Suicida, conducta, definición, 16-17
  *Vea también* Señales de advertencia
Suicida, crisis
  ayudar a un amigo a superar, 112
  definición, 16-17
  lista de chequeo de, 132
Suicida, definición, 16-17
Suicidas crónicos, 116
Suicide: Opposing View points, 11, 67
*Suicide: Prevention, Intervention and Postvention* (Grollman), 12
Suicidio
  a quién contarle, 105-107, 111
  cometido/exitoso. *Vea* Suicidio cometido
  como causa principal de muerte entre los jóvenes, 38
  como llamado de atención, 32-34, 42-45
  como no-hereditario, 41
  hablar del, 17-18, 40, 43
  hechos sobre, 37-49
  intento de. *Vea* intento de suicidio
  plan para, 83-87
Suicidio, amenazas de, 52-53
Suicidio cometido definición, 16-17
Suicidio, aumento en las tasas de, 13-14, 38-39
  *Vea también* Estadísticas

T
*Teen Suicide* (Kolehamainen y Handwerk), 39
*The Issue Is Suicide* (Rickgarn), 43
*The Kid's Guide to Social Action* (Lewis), 142-143
*Training Workshop Manual* (Miller), 69

Tristeza, 11-12, 26-27, 30, 31-32, 63, 69-70, 76

V

Venganza, suicidio como, 116-117

Vergüenza, 11

W

Why Suicide? (Johnston), 24

Y

*Youth Suicide* (Peck), 46, 71

Impreso en:
Programas Educativos, S.A. de C.V.
Calz. Chabacano No. 65 Local A
Col. Asturias 06850 - México, D.F.
Abril 2004
Empresa Certificada por el
Instituto Mexicano de Normalización
y Certificación A.C., bajo la Norma
ISO-9002: 1994/NMX-CC-004: 1995
con el Núm. de Registro RSC-048,
y bajo la Norma ISO-14001: 1996/SAA-1998,
con el Núm. de Registro RSAA-003